Wahrsagen

Wahrsagen

Lilian Verner-Bonds

Illustrationen von
Coni Curi

Librero

Titel der Originalausgabe: *Divination Dictionary*

Postbus 72, 5330 AB Kerkdriel, Niederlande

Grafikleitung: Martina Calvio
Design: Karin Skånberg
Illustration: Coni Curi
Lektorat: Claire Waite Brown
Verlegerin: Samantha Warrington

Übersetzung aus dem Englischen:
Angela Decker, Wien
Redaktion und Satz der deutschen Ausgabe:
Print Company Verlagsges.m.b.H., Wien

Printed in China

ISBN: 978-94-6359-783-8

FSC
www.fsc.org
MIX
Papier aus verantwortungsvollen Quellen
FSC® C016973

Inhalt

Eine Einführung in die Wahrsagung

Das Buch erläutert das reiche Erbe, das mit der praktischen Kunst des Wahrsagens verbunden ist, und gibt eine schrittweise Anleitung zu den grundlegenden Techniken und Prinzipien der zahlreichen heute verwendeten Wahrsagemethoden. Diese Fülle an Informationen kann auf verschiedenen Ebenen in die Praxis umgesetzt werden, von der Unterhaltung und dem Wahrsagen auf Partys bis hin zum ernsthaften Erforschen der wichtigsten Techniken.

Das Ziel dieses Buches ist es, Sie in die Lage zu versetzen, Ihre Zukunft und die Ihrer Freunde zu deuten – und jene Fragen zu beantworten, die eine positive und nutzbringende Planung ermöglichen, um das Beste aus der Zukunft zu machen.

In der Wahrsagerei können Sie mit allem Möglichen eine Vorhersage machen, seien es Karten, Kieselsteine, Tiere, Zweige oder Würfel. Die Muster und Formen der Natur und der Gegenstände geben dem Wahrsager Hinweise auf die Wahrheit, wenn die Intuition funktioniert. Jeder Gegenstand und jedes Werkzeug spricht in seiner eigenen, besonderen Sprache. Versuchen Sie, mit so vielen Wahrsagemethoden wie möglich zu arbeiten, um diejenige zu finden, mit der Sie am meisten in Einklang stehen. So können Sie die ganze Kraft des Universums ausschöpfen.

Es wird zunehmend anerkannt, dass übersinnliche Fähigkeiten ein weitverbreitetes menschliches Potenzial sind, ähnlich der Intuition. Das Talent ist latent vorhanden und kann aktiviert werden. Der Abschnitt über die Wahrsagerlehre (siehe Seiten 10–13) beschreibt den Prozess zur Entwicklung individueller hellseherischer Fähigkeiten. Intuition ist eine Form des Wissens, das die Mittel verbirgt, mit denen sie vollbracht wird. In diesem Buch werden die fehlenden Puzzleteile ergänzt, um das geheime Wissen zu enthüllen, das hinter den Prinzipien des Wahrsagens liegt.

Das Buch ist in fünf Kapitel unterteilt. Es werden Anleitungen für die Anwendung und Interpretation verschiedener Wahrsagemethoden gegeben, wobei die in jedem Kapitel aufgeführten Techniken und Gegenstände verwendet werden.

Geschichte der Wahrsagung

Für die Wahrsagerei gibt es keine genauen Aufzeichnungen. Man könnte genauso gut fragen: „Wann wurde die Luft erschaffen?" Es gibt Überlieferungen zu verschiedenen Ritualen und Praktiken, den „universellen" Raum, der seine unendlichen Wurzeln in der Zeitlosigkeit hat, nutzbar zu machen. Der Glaube, dass wir in die Zukunft sehen können, ist jedenfalls so alt wie der Mensch selbst.

Die Menschheit war schon immer fasziniert von der Zukunft und dem, was sie bringt. Die Zukunft wurde und wird vorhergesehen. Seit Jahrhunderten werden Fragen an das Universum jenseits der irdischen Sinne gestellt. Unabhängig von Religion, Weltbild oder Überzeugungen, die man vertritt, hofft jeder auf sein Glück. Allen ist eines gemein: Sie huldigen einer schwer fassbaren Göttin – der Glücksgöttin.

Die Glücksgöttin ist die moderne Inkarnation der römischen Göttin Fortuna, deren Aufgabe es war, die Geschicke der menschlichen Spezies zu formen und zu lenken. Aber selbst die 2.000 Jahre alte Fortuna ist relativ jung. Viele Methoden sind Tausende Jahre älter, wie Sie in den Einführungen zu den einzelnen hier vorgestellten Wahrsagetechniken erfahren werden. Jedes Land und jede Kultur hat im Laufe der Jahrhunderte ein

eigenes Verständnis von den Offenbarungen des Schicksals und den Methoden, die bei Lebensentscheidungen helfen können, entwickelt. Viele der heutigen Methoden der Wahrsagerei wurden von den Roma in den Westen gebracht und populär gemacht, andere, wie die Astrologie, gibt es schon seit Beginn der Aufzeichnungen.

Der Mensch hatte schon immer eine Intuition für gute und schlechte Zeichen. Ein Großteil dieses intuitiven oder übersinnlichen Gespürs ging mit dem Beginn der „wissenschaftlichen" Welt unter. Doch ob es sich nun um eine Rebellion gegen das industrielle und wissenschaftliche Zeitalter, in dem Maschinen die Sinne und das Empfinden des Menschen zu übernehmen schienen, oder um ein Wiedererwachen alter, innerer Wahrnehmungen handelt, das Interesse an Wahrsagekünsten wurde wiederbelebt.

In jüngster Zeit wird wieder über Hellsehen, Telepathie und Präkognition geforscht, was darauf hindeutet, dass übersinnliche Kräfte oder das Auftreten von Phänomenen, die scheinbar unabhängig von den bekannten physikalischen Gesetzen funktionieren, nicht nur einigen wenigen vorbehalten sind. Sie sind schließlich der gesamten Menschheit gemein. Jeder von uns kann in diesen Zustand des göttlichen Raums vordringen und die Erkenntnisse gewinnen, die man gemeinhin als „Wahrsagerei" bezeichnet.

Wahrsagerlehre

Wenn wir mit Entscheidungen im Leben ringen, liegt das daran, dass wir zugelassen haben, dass äußere Faktoren das vernebeln, was wir innerlich als Wahrheit kennen. Wir alle haben die Fähigkeit, die geistige Quelle anzuzapfen.

Diese geistige Quelle kann zu einem besseren Verständnis des Lebens führen. Es ist kein Zufall, dass Sie dies jetzt lesen – es ist eine Synchronizität, die bedeutet, dass Sie bereit sind und gerufen wurden. Wenn Sie den Mut haben, auf die Stimme zu hören, die keinen Ton von sich gibt, wird sich der Schleier Ihrer inneren Vision lüften und Ihnen die Perspektiven für Gesundheit, Harmonie und Glück offenbaren.

Harmonisieren – das innere Abschalten

Um Zugang zu weissagenden Ebenen zu erhalten, müssen Sie sich zunächst mit Ihrer Intuition verbinden. Dann können Sie den inneren Mechanismus finden, der Sie befähigt, in Ihrem Leben die richtigen Entscheidungen zu treffen. Damit der „Geist" Sie erreichen kann, müssen Sie bereit sein. Sie dürfen nicht abgelenkt sein, während Sie sich einstimmen, denn für ein tieferes Verständnis müssen Sie sich auf Ihr „inneres Selbst" konzentrieren.

Übung zur Selbst-Harmonie

Diese einfache Harmonieübung mit drei Atemzügen hilft Ihnen, sich auf Ihr inneres Selbst zu konzentrieren und Ihren übersinnlichen Kanal zu öffnen, um von der Unendlichkeit zu lernen.

1. Setzen Sie sich ruhig mit dem Rücken gegen einen Stuhl, sodass Ihre Wirbelsäule gerade ist. Knie, Beine und Knöchel sind nicht gekreuzt, die Füße stehen flach auf dem Boden. Die Hände sind nicht verschränkt und ruhen bequem an Ihrer Seite oder auf Ihren Oberschenkeln. In diesem entspannten Zustand kann die Energie im Körper frei fließen

2. Atmen Sie tief durch die Nase ein und halten Sie den Atem so lange wie möglich an, wobei Sie langsam zählen. Ziel ist es, den Atem 35 Mal anhalten zu können. Vielleicht gelingt Ihnen das anfangs nicht, aber das macht nichts. Mit der Zeit werden Sie sich verbessern. Was auch immer Sie tun, halten Sie den Atem nicht länger an, als Sie es für gut halten. Wenn nötig, können Sie sich über mehrere Sitzungen hinweg allmählich an die magischen 35 Atemzüge herantasten.

3. Wiederholen Sie das Anhalten des Atems noch zweimal. Am Anfang kann es sein, dass Ihnen schwindlig wird oder Sie einen Energieschub verspüren, was völlig normal ist.

Einstimmung auf Ihre übersinnlichen Fähigkeiten

Sobald Sie sich selbst in Harmonie gebracht haben, ist es Ihr Ziel, in den Raum einzutreten, den man den universellen Bereich der Intelligenz nennt und dem alles Wissen entspringt. Es ist eine gute Idee, damit zu beginnen, Hellsicht zu entwickeln. Der Hellseher, der Visionen sieht, der Hellhörige, der Botschaften hört, das Medium, der Seher, der Prophet, das Orakel oder der Tarotkartenleser – sie alle gehören zum Bereich des Wahrsagens. Der einzige Unterschied zwischen ihnen ist ihre Technik. Sie alle bedienen sich derselben Quelle, um ihre übersinnlichen Fähigkeiten für das Wahrsagen zu nutzen. Sie werden die für Sie geeignete Methode finden, um die Energie aufzufangen, die die innere Sprache des Himmels ist.

Meditation: Prozess der Verbindung

Meditation hilft Ihnen, Zugang zu Ihren übersinnlichen Fähigkeiten zu erhalten.

1. Legen Sie sich entspannt auf den Boden oder ein Bett. Konzentrieren Sie sich darauf, tief und leicht zu atmen.

2. Schließen Sie die Augen und stellen Sie sich über sich den Bildschirm eines Fernsehgerätes vor. Schalten Sie ihn ein und beobachten Sie, was zu sehen ist. Es könnten eine gewöhnliche Alltagstätigkeit, ein Gegenstand, ein Symbol oder eine Farbe sein. Sie können auch nur ein Gefühl oder eine Empfindung wahrnehmen.

3. Bleiben Sie sieben Minuten lang in diesem Zustand. Schalten Sie gedanklich den Bildschirm aus und konzentrieren Sie sich auf Ihren Atem, lassen Sie ihn zu seinem natürlichen Rhythmus zurückkehren.

4. Öffnen Sie die Augen, wenn Sie bereit sind. Es ist wichtig, sich an das Erlebte zu erinnern und es sofort aufzuschreiben. Fragen Sie sich: Habe ich mich glücklich oder traurig gefühlt? Was hat das, was ich gesehen habe, zu bedeuten? Lassen Sie sich Zeit, um das Gesehene zu entschlüsseln.

5. Glückwunsch! Ihre übersinnlichen Fähigkeiten beginnen gerade zu wirken!

Die Kräfte der Natur

Die Kräfte der Natur als Wegweiser und Ratgeber zu nutzen, ist so einfach und natürlich, wie Sie im Kapitel „Glück aus der Natur“ des Buches entdecken werden (siehe Seite 41). Alle Elemente – Erde, Luft, Feuer und Wasser – spielen in der Wahrsagekunst eine wichtige Rolle. Beginnen Sie 24 Stunden vor der Arbeit mit den Kräften der Natur mit der Entsäuerung des Körpers, indem Sie kein Fleisch und keine Milchprodukte essen, und reinigen Sie den Körper mit einer klaren Gemüsesuppe. Essen Sie nur Obst, mit Ausnahme von Grapefruit, Orangen und Pflaumen. Trinken Sie nur Wasser. Bitte beachten Sie, dass diese Kur mit Ihrem Arzt abgesprochen werden sollte.

Hilfsmittel für die Sofortwahrsagung

Hilfsmittel zum Wahrsagen – wie Karten, die Handfläche des Fragenden, Feuer und Kristallkugeln – werden als Bindeglieder verwendet, die in das Reich des Sehers führen. Sie sind Schlüssel, die die Psyche öffnen und Sie auf die Reise schicken! Jeder Gegenstand und jedes Werkzeug spricht in seiner eigenen Sprache und gibt sofortige Hinweise und Einsichten. Beachten Sie jedoch immer die folgenden Punkte, wenn Sie die von Ihnen gewählten Werkzeuge verwenden.

- Bereiten Sie Ihre Hände auf die Verwendung von Werkzeugen vor, indem Sie einen Reiniger aus Salz herstellen, das nur mit klarem, warmem Wasser angefeuchtet wird. Reiben Sie Ihre Hände damit ein und spülen Sie sie ab.

- Erlauben Sie niemandem, Ihre persönliche Ausstattung zu benutzen.

- Wenn Sie die Werkzeuge nicht benutzen, wickeln Sie sie immer in schwarze oder violette Seide ein und bewahren Sie sie an einem Ort auf, wo sie vor direktem Sonnenlicht geschützt sind.

- Nehmen Sie zum Abschluss des Tages ein reinigendes Bad mit Meersalz, um die Giftstoffe aus der Haut zu entfernen.

Der Werkzeugkasten des Sehers
Lassen Sie sich von den Informationen und Übungen in diesem Buch dabei helfen, Ihren eigenen Werkzeugkasten für Seher zu erstellen.

Amulette

Natur; Schutz; Glück

Das Wort Amulett kommt vom lateinischen *amuletum*, das „Ding" bedeutet, sei es ein Armband, ein Schmuckstück, Metall oder Pergament, das mit magischen Zeichen beschriftet ist. Amulette werden als Glücksbringer getragen oder mit sich geführt und haben die Energie, dem Träger Glück zu bringen.

Naturamulette

Das heilige Pferd und der Mohn

Ein Talisman ist ein Gegenstand, an dem ein Ritus vollzogen wurde, um ihn mit einer bestimmten Aufgabe auszustatten. Er hat die Funktion, Unglück abzuwehren sowie den speziellen Zweck, für den er ausgewählt wurde, zu unterstützen und ihm Energie zu verleihen.

Pflanzliche und tierische Symbole nehmen unter den Amuletten einen hohen Stellenwert ein, da man davon ausgeht, dass den Elementen der Natur günstige Kräfte für Glück und Schutz innewohnen. Das Pferd wurde schon früh zu einem heiligen Symbol der Natur. Steinerne Pferde bewachten die kaiserlichen Gräber von Nanking, und das prähistorische Weiße Pferd, das in einen Berghang in England gehauen wurde, soll eine Darstellung der keltischen Pferdegöttin Epona sein.

Die Mohnblume stellt Mutter Natur dar und steht für den zunehmenden Mond, Fruchtbarkeit und Überfluss. Aus der Symbolik der Blume ergibt sich die Wahrsagung: Die fünf Blütenblätter stehen für die menschlichen Sinne, das Licht der Sonne und das Urwasser. Der Kelch der Blume ist eine perfekte Verkörperung des Glücksrads: Der Mohn bringt durch sein Opium sowohl Schönheit als auch Ausschweifung und offenbart sowohl die guten als auch die schlechten Omen der Natur.

Machen Sie Ihr eigenes

Wie Sie Ihre eigenen Naturamulette herstellen und energetisieren können, erfahren Sie auf Seite 19.

Schutzamulett
Thors Hammer

Amulette können Schutzkräfte ausstrahlen, um das Böse abzuwehren und günstige Kräfte anzulocken. Thors berühmter doppelseitiger Hammer, mit dem er bei jedem Wurf richtig zuschlägt, steht für die männliche Energie des Donnergottes – die rächende Kraft, die die Gerechtigkeit aufrechterhält. Diese Kraft bietet Schutz und zermalmt alle Dunkelheit und alles Böse.

Thor oder auch Donar – der älteste Sohn Odins – war der Held der Krieger, der mit seinem magischen Hammer (*Mjollnir*) durch den Himmel schritt, um Götter und Menschen vor der Bedrohung durch Eindringlinge zu schützen. Thors Name ist im Wort Donnerstag erhalten geblieben.

Ein Hammer kann als Objekt roher Gewalt betrachtet werden, aber wenn er mit Thor in Verbindung gebracht wird, wird er zu einem himmlischen Instrument, da er mit spiritueller Willenskraft verbunden ist – er zerschlägt die Versklavung und bringt Freiheit. Der Hammer wird somit zu einem Instrument des magischen Schutzes.

Die Wirkung dieses Amuletts besteht darin, dem Besitzer Thors großen Schutz zu gewähren – Schutz vor Unglück und bösen Omen – und ihm Sicherheit und Kraft zu geben, während er auf dem Lebenspfad reist.

Machen Sie Ihr eigenes

Es ist eine gute Idee, ein Schutzritual durchzuführen, bevor man mit Wahrsagetechniken arbeitet. Wie Sie Ihr eigenes Schutzamulett herstellen und energetisieren können, erfahren Sie auf Seite 19.

Glücksbringer-Amulett
Der heilige ägyptische Skarabäus

Der ägyptische Skarabäus ist das bedeutendste Amulett aller Zeiten und wird wegen seiner Verbindung zum Geist des Lebens verehrt. Er wurde im alten Ägypten als Mistkäfer (*Scarabaeus sacer,* Heiliger Pillendreher) mit einer riesige Sonnenkugel zwischen den Vorderbeinen dargestellt.

Ein Mistkäfer rollt seine Mistkugel von Osten nach Westen und folgt dabei dem Lauf der Sonne. Schließlich rollt er die Kugel in ein Loch in der Erde. Der Käfer versteckt sich 28 Tage lang in dem dunklen Loch und kommt am 29. Tag wieder heraus, um die Kugel ins Wasser zu werfen, wo die Larven schlüpfen. Da die Sonne täglich über den Himmel rollt, glaubte man, dass die Sonne der ursprüngliche Skarabäus sein müsse. Die Mistkugel wurde als Symbol für den inneren Geist der Neugeburt, den Embryo der Unsterblichkeit und das himmlische Herz angesehen. Der Skarabäus repräsentierte nicht nur den Weg der Sonne und die selbstschöpferische Kraft, sondern beschwor auch Erneuerung, Auferstehung, Unsterblichkeit und göttliche Weisheit. Er war der Schlüssel des Lebens, der sowohl die männliche als auch die weibliche Fruchtbarkeit vereinte und die Fruchtbarkeitskräfte der Natur lenkte und regulierte. Er repräsentierte sowohl den Tod als auch das Leben, mit dem Versprechen der Morgendämmerung und eines neuen Morgens. Gefäße mit Skarabäen wurden in Gräbern aus der Zeit vor 3500 v. Chr. gefunden.

Skarabäen wurden aus verschiedenen Metallen hergestellt und sind auf dem Sarg von Tutanchamun zu finden, die ausgebreiteten Flügel beschwören die Götter.

Machen Sie Ihr eigenes

Wie Sie Ihr eigenes Glücksbringer-Amulett herstellen und energetisieren können, erfahren Sie auf Seite 19.

Amulette
Ausschneiden und aufbewahren

Naturamulett

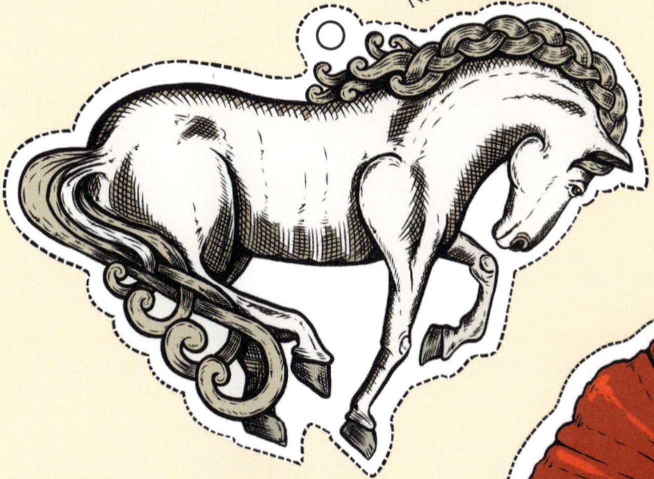

Naturamulett

Schutzamulett

Glücksbringer-Amulett

Amulette

Ausschneiden und aufbewahren

Naturamulett

Naturamulett

Schutzamulett

Glücksbringer-Amulett

Naturamulette

Die Kombination des schützenden weißen Pferdes und des Mohns umschließt positive irdische Geister und schützt durch das göttliche Pferd vor allen bösen Wesen.

1. Schneiden Sie die gegenüberliegenden Bilder von Pferd und Mohn aus – alternativ können Sie Farbkopien machen oder sie nachzeichnen und selbst ausmalen.

2. Um Ihre Amulette zu energetisieren, stellen Sie sich einen Stab aus transparenter ätherischer Materie vor, den Sie zwischen dem gekrümmten Zeigefinger und Daumen Ihrer linken Hand halten – ein Stab aus hellem, starkem Licht, der intensiv schwingt.

3. Bewegen Sie ihn dreimal über Ihr Amulett hin und her. Die „Licht"-Wäsche wird die Energie Ihres Amuletts erwecken und stärken und Ihrem Naturamulett zu zusätzlichem Schutz verhelfen.

4. Um dieses Naturamulett mit sich zu tragen, falten Sie die Bilder zusammen und stecken Sie sie in einen versiegelten weißen Umschlag.

Schutzamulett

Der Hammer von Thor hält Wache und beschützt Sie, wenn Sie sich in die Welt der Wahrsagerei wagen.

1. Schneiden Sie das nebenstehende Hammerbild aus – alternativ können Sie eine Farbkopie machen oder es nachzeichnen und selbst ausmalen.

2. Um das Amulett zu energetisieren, legen Sie die Mitte Ihrer Handfläche nach unten auf Thors Hammer und lassen Sie sie dort 21 Sekunden lang ruhen.

3. Lassen Sie die Energie des Hammers durch Ihre Handfläche in Ihren Blutkreislauf fließen. Ihr Kreislauf wird Ihren Körper mit einer schützenden Vibration umhüllen.

Glücksbringer-Amulett

Kapitel 30 des Totenbuchs verlangt, dass einem königlichen Skarabäus der Name des Pharaos auf den Bauch geschrieben wird, damit er am Tag des Gerichts nicht gegen ihn aussagen kann. Sie können ähnlich vorgehen, um Ihr Skarabäus-Amulett zu energetisieren.

1. Schneiden Sie das nebenstehende Skarabäusbild aus – alternativ können Sie eine Farbkopie machen oder es nachzeichnen und selbst ausmalen.

2. Um das Amulett in einen persönlichen Talisman und Glücksbringer zu verwandeln, unterschreiben Sie auf der Unterseite des Käfers. Ihre Unterschrift besiegelt die Kraft des Skarabäus, die nur für Sie wirkt.

Kapitel 1

Offenbarungen in uns

Unser Geist und unser Körper tragen den Abdruck unseres Schicksals. Dieser uralte Glaube erfährt jetzt eine Wiedergeburt. Indem wir diese Zeichen und Hinweise lesen, erhalten wir Zugang zu den Lebensmustern, auf denen alles Glück aufbaut. Wir verstehen jetzt, dass wir von innen nach außen arbeiten müssen, anstatt immer nur nach äußeren Zeichen zu suchen. Unsere Handflächen, unsere Gesichter, unsere Träume – sie alle sind von unserer eigenen individuellen Essenz geprägt. Der rationale Mensch könnte fragen: „Warum sollten sie das sein?"

Ein Großteil der Arbeit von Hellsehern und Medien wurde abgetan, weil man nicht verstand, was vor sich ging. Im Laufe der Geschichte haben sie spontan Antworten geliefert, ohne dies genau erklären zu können. Carl Jung, einer der angesehensten Psychologen des 20. Jahrhunderts, hob den eigentlichen inneren Prozess hervor. Jung war ein großer Anhänger des Wahrsagens und ließ sich bei der Behandlung eines Patienten immer ein Geburtshoroskop erstellen, um festzustellen, welche prägenden Einflüsse zu Beginn des Lebens vorhanden waren. Er glaubte nicht, dass diese Einflüsse die Ereignisse in diesem Leben verursachten, sondern dass sie, wie er es nannte, „sinnvolle Zufälle" waren. Mit anderen Worten: Alles, was zu einem bestimmten Moment geschieht, hat die Eigenschaften dieses Moments. So ist es auch in uns selbst: Wir alle tragen in uns den Abdruck der Zeit und des Ortes, an dem wir auf die Welt gekommen sind – eine Zeit und einen Ort, die unsere individuellen Schicksale widerspiegeln. Als „Aufnahmegeräte" können wir unsere Vergangenheit, Gegenwart und Zukunft abrufen.

Letztendlich kann es keine Verbindung zur Außenwelt – zur Unendlichkeit – geben, wenn wir uns nicht mit unserem inneren Selbst verbinden. Die Werkzeuge und Techniken des Wahrsagens können diese Verbindung voranbringen, aber das tun sie nur, wenn unser innerer Schalter auf den kosmischen Energiefluss umgestellt worden ist. In diesem Abschnitt werden Sie eine Reihe von bewährten Methoden entdecken, um das Schicksal und das Glück aus der Prägung in Ihrem Inneren zu erkennen.

Handlesen

Die Zukunft in Ihrer Hand

Die Roma konnten allein anhand der Form der Hand die Zukunft vorhersagen. Neben dem ganz offensichtlichen Fühlen der rauen Haut, was ihnen sagte, dass man ein Arbeiter war, oder der weichen Haut, die auf eine Dame hindeutete, gab die Form der Handfläche und der Fingerspitzen dem Handleser einen Einblick in die Zukunft des Fragenden – günstig oder ungünstig.

Der Vorteil des „Weitblicks“ durch die Handlesekunst besteht darin, dass Schritte unternommen werden können, um etwaige Widrigkeiten zu korrigieren, die sich ankündigen. Das heißt, wir müssen nicht Opfer der Zukunft bleiben! In diesem Abschnitt können Sie selbst die Handformen entdecken, die die zugrundeliegenden Schicksals- und Glücksströme widerspiegeln – Glück oder Pech – und mit diesem Wissen die Kontrolle über Ihre Zukunft übernehmen.

Die dominante Hand

Aus welcher Hand lesen Sie? Die Hand, aus der Sie Ihre Zukunft ablesen, ist Ihre dominante Hand, in der Handlesekunst die „aktive“ Hand genannt: Wenn Sie Rechtshänder sind, ist es Ihre rechte Hand, wenn Sie Linkshänder sind, Ihre linke.

Die quadratische Hand

Bodenständig

Quadratische Hände haben sehr gerade Kanten und stumpfe, breite Finger, die meist auf einer kurzen, ziemlich gedrungenen Handfläche liegen. Sie zeichnen praktisches und konventionelles Denken aus. Es handelt sich um eine nützliche Hand – wer eine quadratische Hand hat, kann mit dieser Hand alles machen. Industrie, Geschäft und Handel sind für Sie geeignet, weil Sie methodisch denken und sich an die Regeln halten.

Günstig Diese Handform ist diejenige, die am meisten materielles Glück bringt. Mit diesen Händen werden Ihre Träume wahr, denn Sie haben das Gespür des Midas im Geschäftsleben und Sie haben in der Regel außerordentliches Glück beim Abschluss von Geschäften.

Ungünstig Menschen mit dieser Handform müssen sowohl auf ihr Herz als auch auf ihren Kopf hören. Starrheit und Rechthaberei können sie daran hindern, Chancen zu ergreifen.

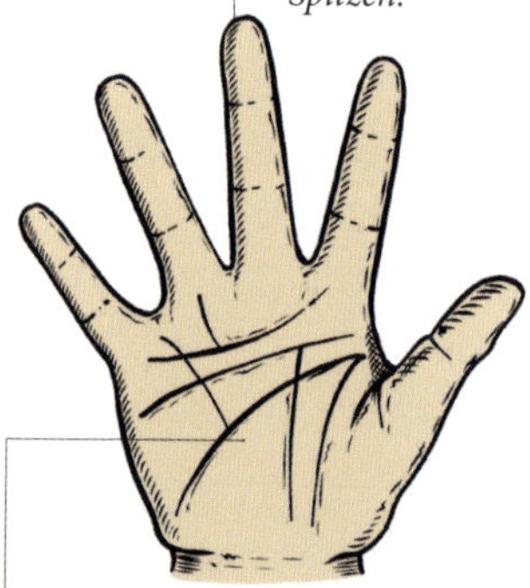

Finger
Finger und Daumen sind breit und kurz, mit quadratischen Spitzen.

Handfläche
Die Handfläche der quadratischen Hand ist kurz und breit.

Die konische Hand

Kreativ und künstlerisch

Die konische Hand ist eine künstlerische Hand. Die Handfläche ist länger und schlanker als bei der quadratischen Hand und die Fingerspitzen sind abgerundet. Die Persönlichkeit ist rastlos und sucht ständig nach anregenden Herausforderungen, aber das Liebesleben ist oft problematisch. Menschen mit diesen Händen stehen nie lange genug still, um Wurzeln zu schlagen. Persönliche Annehmlichkeiten haben Priorität, aber diese Menschen können auch großzügig sein, sogar übermäßig großzügig. Menschen mit konischen Händen sind äußerst kreativ und lieben die Künste. Sie arbeiten lieber aus Liebe zur Kunst als für Geld.

Günstig Diese Hand wird als einigermaßen glücklich angesehen. Es besteht ein Gleichgewicht des Glücks.

Ungünstig Wenn ihre Neigung zur Großzügigkeit und zum Überschwang ihres Talents in den Vordergrund tritt, verspielen sie das, was sie gewonnen haben.

Fingerspitzen
Die konische Hand hat abgerundete oder mandelförmige Fingerspitzen.

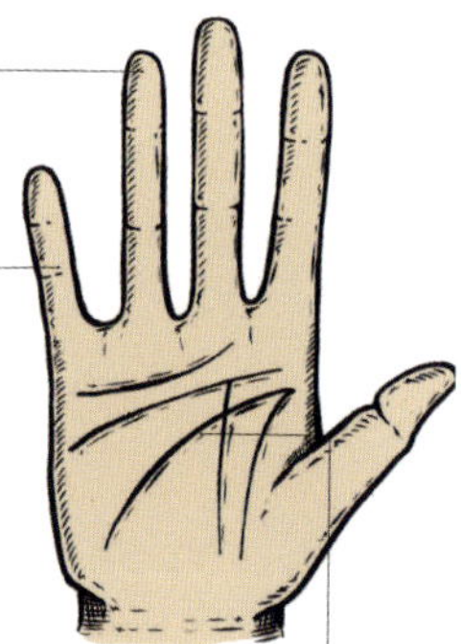

Finger
Die langen und schlanken Finger der konischen Hand stehen für Kreativität.

Handfläche
Eine lange, schlanke Handfläche ist typisch für die konische Hand.

Die spatelförmige Hand

Aktiv und erfindungsreich

Die Form einer spatelförmigen Hand erkennt man daran, dass sich die Enden der Fingerspitzen fächerförmig ausbreiten. Der Rest der Hand kann eine Mischung aus der quadratischen und der konischen Form sein. Menschen mit diesen Händen sind in ihrer Denk- und Verhaltensweise äußerst unkonventionell, sehr schlagfertig und handlungsschnell. Es kann viel Spaß machen, mit ihnen zusammen zu sein, denn sie sind anregend, selbstbewusst und einfallsreich. Sie sind originell und haben einen unabhängigen Geist und mögen keinen banalen Job.

Günstig Diese besondere Form wird entweder großes Glück oder gar nichts anziehen.

Ungünstig Sie neigen dazu, unausgegorene Ideen zu haben, die andere Leute gerne klauen, was dazu führt, dass sie aus ihren eigenen Unternehmungen keinen Profit schlagen können. Das Gras wächst nicht unter ihren Füßen, was es schwierig machen kann, mit ihnen Schritt zu halten.

Fingerspitzen
Das markanteste Merkmal sind die abgespreizten Fingerspitzen.

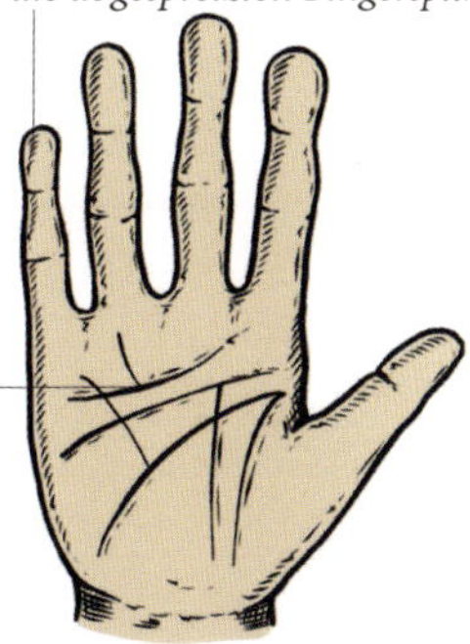

Handfläche
Die spatelförmige Hand kann eine Mischung aus quadratischen und konischen Handmerkmalen aufweisen.

Die sensitive Hand

Fantasievoll und Einbildungskraft

Die übersinnliche Hand gilt als die schönste Handform überhaupt. Die Fingerspitzen sind lang und spitz und verjüngen sich fast bis ins Nichts. Der Rest der Hand ist klein und schlank und äußerst zart. Sie wird als übersinnliche Hand bezeichnet, weil die Fingerspitzen in der Lage sind, Energieimpulse aus der Atmosphäre zu empfangen. Menschen mit einer solchen Hand neigen eher zum Idealismus und haben Schwierigkeiten, in der realen Welt zu überleben, da sie nicht darauf programmiert sind, sich mit den kleinen Dingen des Lebens zu beschäftigen. Sie haben das Bedürfnis, umsorgt zu werden, denn sie können leicht getäuscht werden, wenn sie zu vertrauensvoll sind. Es ist schwer, sie mit normalen Maßstäben zu beurteilen.

Günstig Der wahrhaft begabte Hellseher wird durch die Form dieser Hand angezeigt. Sie sind durchdrungen von Einsichten und intuitivem Wissen.

Ungünstig Diese Hand gilt nicht als die glücklichste aller Hände. Sie sind nicht in der Lage, den ersehnten Goldtopf auf der Erde an sich zu ziehen, es sei denn, sie haben das Glück, jemand anderen zu treffen, der ihre Bedürfnisse erfüllt. Dann ist es tatsächlich Glück!

Finger
Lange, schlanke und zarte Finger sind typisch für die sensitive Hand.

Fingerspitzen
Bei der sensitiven Hand sind die Fingerspitzen spitz.

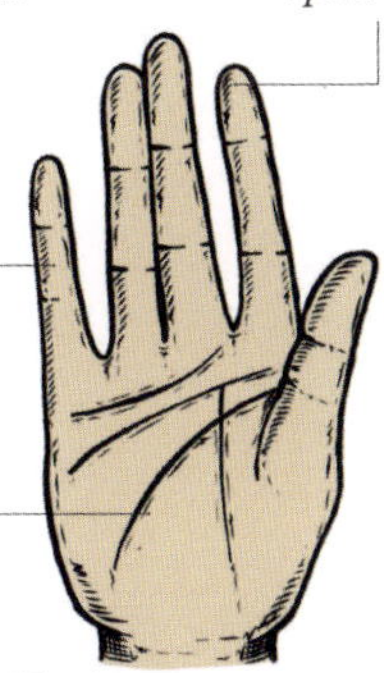

Handfläche
Die sensitive Hand sieht leicht und klein aus und hat eine schmale Handfläche.

Die philosophische Hand

Gelehrt und besonnen

Die philosophische Hand ist leicht an ihrer langen, kantigen Form mit knochigen Fingern zu erkennen. Die Fingerspitzen sind meist lang und rund mit einer leichten Untertassenform. Das Hauptmerkmal dieser Handform sind die geknoteten, großen Knöchel und Fingergelenke. Der Besitz einer solchen Hand bedeutet, dass man ein großes Verständnis für die inneren und äußeren Abläufe der Welt hat. Diese Menschen sind große Humanisten, und Individualismus ist ihr Schlüssel. Sie haben eine extreme Geduld und eine große Beharrlichkeit, um alles, was sie begonnen haben, zu Ende zu bringen. Was den Erfolg anbelangt, so verfügen sie über eine natürliche Weisheit, die leider nur selten zu Gold führt.

Günstig Menschen mit dieser Handform haben die Fähigkeit, bis zum Ende durchzuhalten, ohne Rücksicht auf Verluste. Geduld wird belohnt. Wenn man lange genug abwartet, hat man schließlich Glück und Reichtum.

Ungünstig Sie überlegen nicht, bevor sie springen, und neigen dazu, Pech zu haben, wenn sie handeln, bevor sie die Dinge durchdacht haben.

Finger
Das auffälligste Merkmal der philosophischen Hand sind die hervorstehenden Fingergelenke.

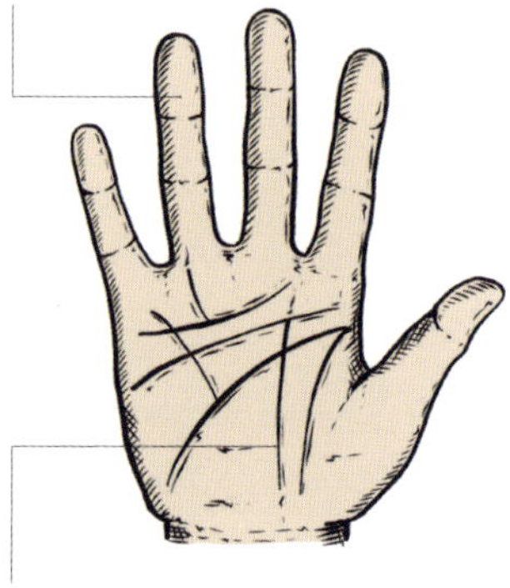

Handfläche
Die Handfläche dieser Hand ist in der Regel lang und kantig.

Die Mischhand

Alle Typen

Eine Mischhand erkennen Sie an den Fingern. Die Fingerspitzen weisen eine Mischung aus allen oder einigen der anderen Formen auf. Die Handfläche kann jede Form haben – quadratisch, rund, lang oder kurz –, aber die gemischten Fingerspitzen bestimmen ihren Charakter. Eine große Anpassungsfähigkeit ist immer vorhanden. Diese Menschen sind in der Lage, jede erforderliche Aktion in den Vordergrund zu stellen, da sie Zugang zu verschiedenen Informationsquellen haben, die ihnen zur Verfügung stehen. Sie sind äußerst wortgewandt und geben gute Diplomaten ab. Sie haben eine unheimliche Fähigkeit, Ereignisse und Ergebnisse vorauszusehen, was sie in die Lage versetzt, immer einen Schritt voraus zu sein.

Günstig Eine Glücksmischung, was bedeutet, dass sie immer die Hoffnung haben, dass der morgige Tag einen besseren Tag bringt und das Glück, das sie suchen – was in der Regel der Fall ist. Wenn sie heute einen Euro verlieren, werden sie morgen 20 Euro finden! Sie sind geborene Lotteriegewinner.

Ungünstig Auf der anderen Seite können sie schusselig sein und süchtig nach Glücksspiel werden.

Gemischte Fingerspitzen
Der Ringfinger hat eine eckige Spitze, während der Zeigefinger und der kleine Finger abgerundet sind.

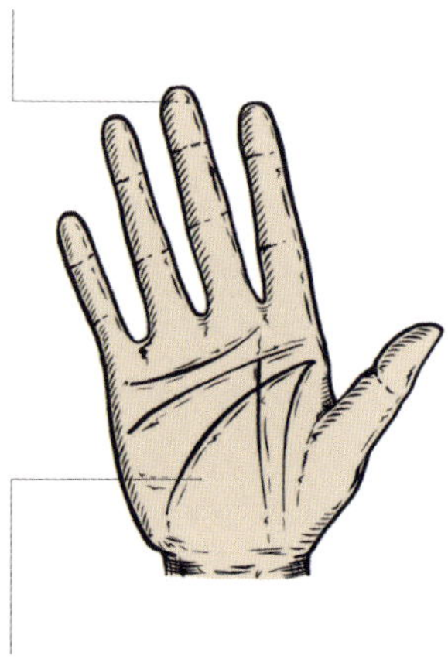

Handfläche
Die Mischhand kann oben schlank und unten breit und quadratisch sein.

Lesen von Handlinien

Die wichtigsten Handlinien sind unten dargestellt. Die Herz-, Kopf- und Lebenslinien erscheinen auf den meisten Handflächen, aber nicht jeder hat deutlich markierte Quecksilber-, Schicksals- oder Sonnenlinien. Betrachten Sie jede Linie als eine Karte, die Sie entlang ihres Weges führt und Ihnen Informationen gibt.

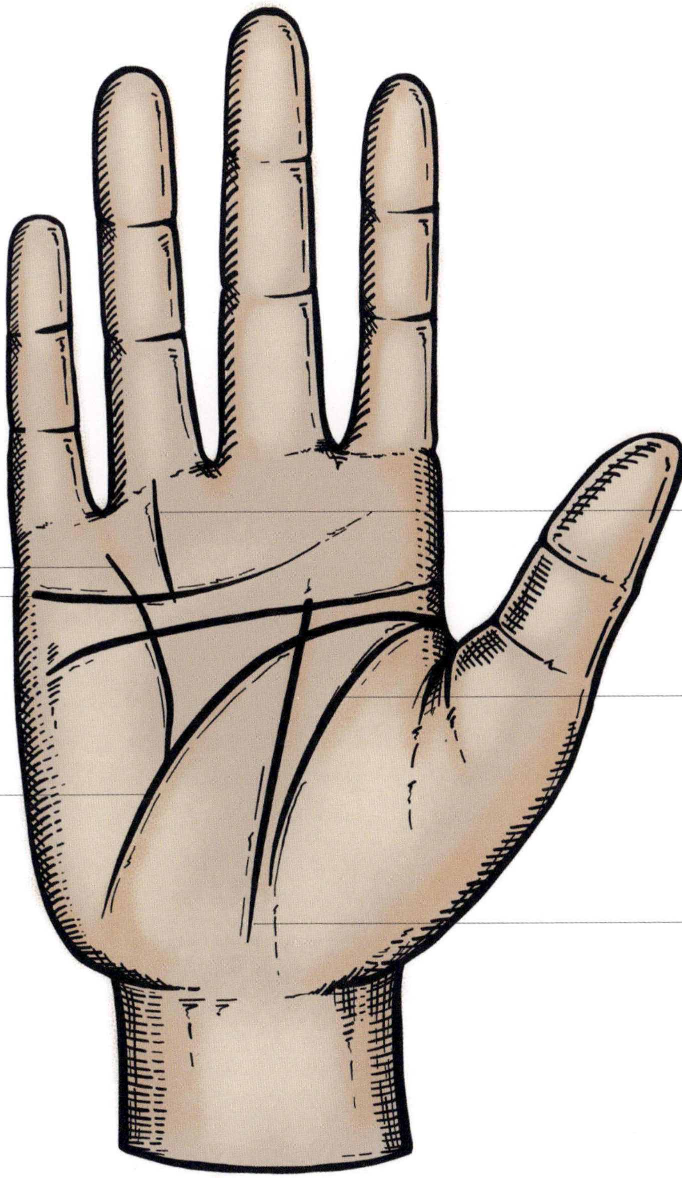

Mekurlinie
Zeigt die praktischen Fähigkeiten der Person an und ist ein Indikator für die körperliche Gesundheit.

Herzlinie
Erfasst die Angelegenheiten des Herzens. Beziehungen und Gefühle werden offenbart.

Kopflinie
Zeigt geistige Wachsamkeit und die Fähigkeit zu denken.

Sonnenlinie
Steht für persönliche Entfaltung und Glück.

Lebenslinie
Diese Linie gibt Hinweise zu jedem Aspekt des Lebens. Sie wird die übrigen Linien beeinflussen.

Schicksalslinie
Die Linie, die die Arbeits- und Karriereaussichten, die beruflichen Ziele und den Vermögenswert zum Ausdruck bringt.

Physiognomik

Einblicke in den Spiegel der Seele

Physiognomik ist die Kunst der Analyse der körperlichen Merkmale des Gesichts. Das Gesicht gilt als der Spiegel der Seele. Die Physiognomik wird bereits 1800 v. Chr. erwähnt und wurde von den Philosophen Sokrates, Hippokrates und später von Aristoteles als Mittel zur Vorhersage von Gut und Böse praktiziert.

Die Physiognomik war nie eine organisierte Bewegung und wurde nicht ernst genommen, bis Johann Kaspar Lavater ein Buch darüber schrieb und sie im 19. Jahrhundert populär machte. Ihm folgte Mary Olmstead Stanton. Ihre Methoden wurden 1890 veröffentlicht und boten einen umfassenden und präzisen Leitfaden, der noch heute angewandt wird.

Der Einfluss auf das Gehirn

Stanton glaubte, dass die Organe des Körpers, wie Nieren, Lunge, Leber und Herz, einen Einfluss auf das Gehirn haben. Dieser Einfluss spiegelt sich im Bewusstsein, in der Integrität und in der Moral eines Menschen wider, was sich wiederum im Gesicht widerspiegelt. Im 20. Jahrhundert hat sich das Verständnis des Gesichtsmotivs und der Art und Weise, wie es das lebenswichtige Funktionieren der inneren Organe widerspiegelt, stark verändert.

Das Schicksal der Gesichtsmerkmale

Das Gesicht, von dem man annimmt, dass es die innere Seele und das Wesen des Menschen widerspiegelt, wird von den Wahrsagern als sicheres Mittel verwendet, um einzuschätzen, ob ein glückliches oder unglückliches Leben vor jemandem liegt. Die meisten Gesichter weisen eine Kombination aus glücklichen und unglücklichen Zügen auf, sodass es dem Leser überlassen bleibt, zu entscheiden, auf welche Seite das Schicksal fällt.

Nase

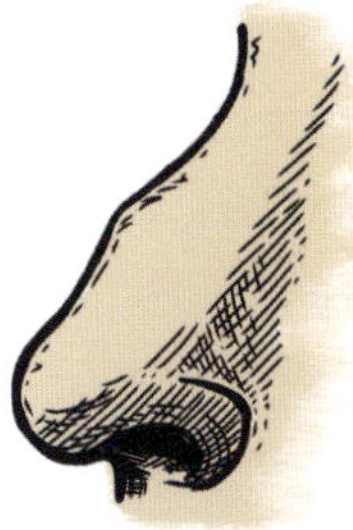

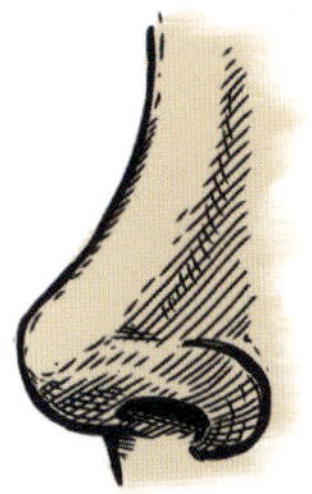

Groß Große körperliche Energie, Elan und Tatkraft; bringt Glück.

Klein Es ist schwer, den Lebensunterhalt zu verdienen; nichts ist einfach; Pech.

Nasenlöcher

Groß Der Geschäftemacher und Glückspilz.

Klein Einsam und unglücklich.

Wimpern

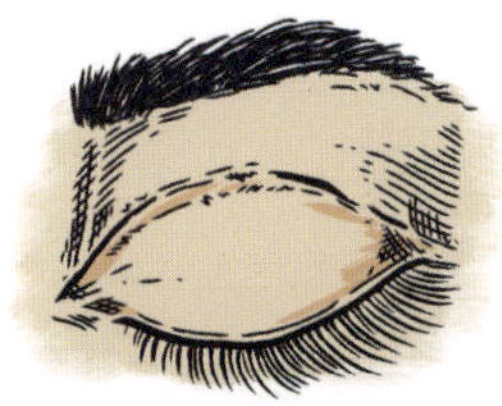

Lang Großzügig und glücklich.

Kurz oder spärlich Zieht Unglück an.

Augen

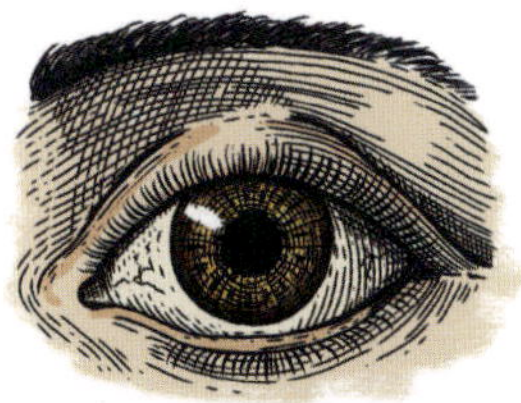

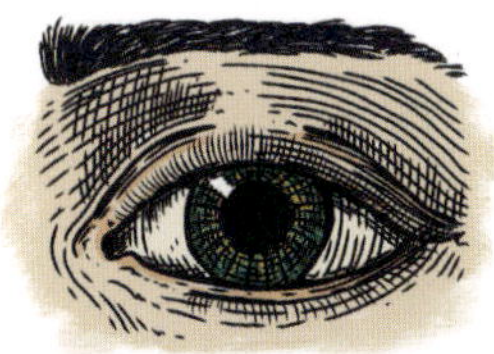

Groß Zeigt eine glückliche Person, die zum Erfolg bereit ist; Glückszeichen.

Klein Engstirnig und niederträchtig; eine misstrauische Natur; Pechvogel.

Mund

Groß Ein großer Mund mit vollen Lippen zeugt von einer großzügigen Gesinnung, die ein erfülltes und reichhaltiges Leben begünstigt; Glück.

Schmal Deutet auf ein schwieriges Leben hin, immer zurückgehalten – besonders wenn die Lippen dünn sind; schwer fassbares Glück.

Ohren

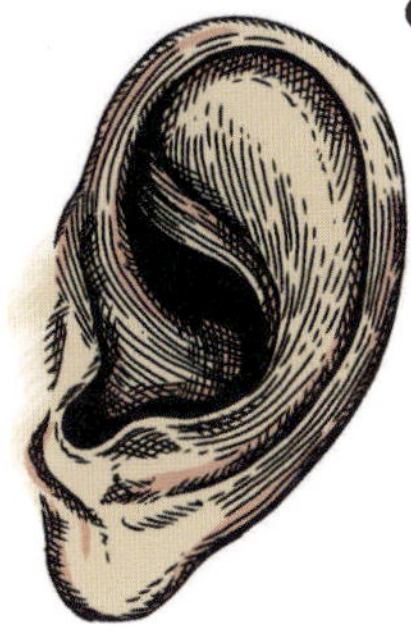

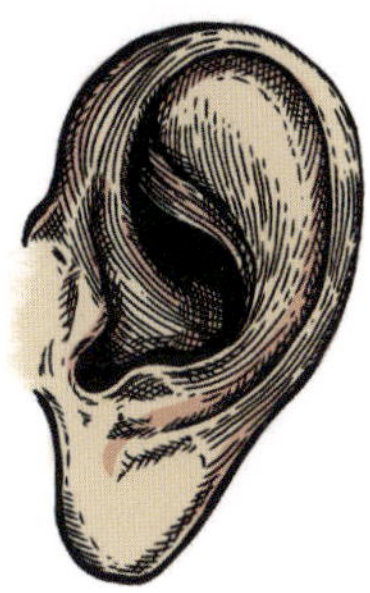

Groß Zeigt Fülle an, besonders mit großen Lappen; eine sexuelle Natur; großes Selbstvertrauen; extremes Glück.

Klein Neigt zu Charakterschwäche; kommt immer zu kurz; hat Pech.

Kephalomantie

Aus dem Schädel lesen

Bis weit ins 17. Jahrhundert hinein galt der Schädel in vielen Gesellschaften als Sitz der Seele eines Menschen und wurde mit dem Tod in Verbindung gebracht. Das Innere der Knochen galt als das Zentrum der psychischen Energie. Mit anderen Worten: Die Wurzel des Lebens befand sich im Schädel.

Die Alchemisten glaubten, dass der Schädel ein Gefäß der Transmutation sei und als psychische Kraftquelle fungieren könne. Schädel spielten eine wichtige Rolle in Medizin und Magie. Kräuter wurden in den Schädel gefüllt und zu Heilzwecken verwendet.

Die Botschaften des Schädels

Ursprünglich wurden den Schädeln von Tieren, wie Ziegen, Pferden oder Stieren, gute oder schlechte Vorzeichen entnommen. Auch dem menschlichen Schädel wurden übernatürliche Eigenschaften zugeschrieben. Es hieß, wenn man einem Schädel eine Frage stellte, würde man die Antwort erhalten. Der Geist des Schädels weist alle darauf hin, tief aus dem Leben zu trinken, und wenn wir in die augenlosen Höhlen blicken, können wir die Botschaften des Schicksals finden und lesen, während unser Unterbewusstsein mit dem Unbekannten in Kontakt ist.

Spirituelles Zuhause
Der Schädel wurde von alten Kulturen als Sitz des Geistes verehrt.

Aus dem Schädel wahrsagen

Obwohl es nicht einfach ist, einen echten Schädel zu bekommen, kann man in der Regel einen aus Plastik oder Keramik in einem Geschäft für Scherzartikel erwerben. Sie brauchen einen hohlen Schädel, damit ein in eine Augenhöhle gestecktes Stück Papier auf den Tisch darunter fällt.

1. Legen Sie den hohlen Schädel auf eine Holz- oder Glasfläche. Schreiben Sie Ihre Frage mit schwarzer Tinte auf ein weißes Blatt Papier.

2. Schreiben Sie auf ein gleich großes Stück rotes Papier mit schwarzer Tinte das Wort „Ja".

3. Schreiben Sie mit schwarzer Tinte auf ein gleich großes Stück blaues Papier das Wort „Nein".

4. Falten Sie alle drei Blätter zusammen.

5. Geben Sie das Papier mit der Frage in den Schädel.

6. Stecken Sie das rote „Ja" durch die rechte Augenhöhle des Schädels und das blaue „Nein" durch die linke.

7. Legen Sie ein weißes Tuch über den Schädel und nehmen Sie den Schädel mit geschlossenen Augen vom Tisch.

8. Schieben Sie mit geschlossenen Augen die drei Zettel auf dem Tisch hin und her.

9. Holen Sie zwei Zettel heraus. Der verbleibende Zettel ist die Antwort. Wenn dieser Zettel der Fragezettel ist, bedeutet das, dass das Schicksal noch nicht bereit ist, Ihnen Ihr Glück zu offenbaren.

Oneiromantie

Wahrsagen durch Träume

Das Wahrsagen der Zukunft durch Träume galt in der Antike als eine anerkannte Wissenschaft. Es wurde ein frühes ägyptisches Papyrus gefunden, auf dem über 200 Träume und ihre Bedeutungen aufgezeichnet sind. Mittelalterliche Künstler stellten oft den alttestamentarischen Traum des ägyptischen Pharaos dar, wie er von Joseph gedeutet wurde, der sieben Jahre des Überflusses, gefolgt von sieben Jahren der Hungersnot, korrekt vorhersagte.

Ein uralter Glaube besagt, dass Träume Teil einer Existenz sind, die sich auf geheimnisvolle Weise von unserem Alltag unterscheidet – Ausflüge in eine rätselhafte andere Welt. Wir können etwas über wichtige Ereignisse erfahren, wenn wir die Visionen, die wir in unseren Träumen empfangen, verstehen.

Freud, Jung und die Welt der Träume

Die Traumdeutung verlor im Laufe der Zeit ihren hohen Stellenwert und ihre geachtete Position. Sie wurde zur Domäne von Zigeunern oder auf Gesellschaftsspiele und Tricksereien reduziert. Im 20. Jahrhundert bedurfte es zweier bedeutender Psychoanalytiker, zunächst Freud und dann Jung, um die Traumanalyse wieder salonfähig zu machen. Freud bezeichnete Träume als Ausfluss unseres Unterbewusstseins und unserer Wünsche, während Jung Träume mit weniger weltlichen Bestrebungen in Verbindung brachte.

Traumtagebuch

Wenn Sie Ihre Träume analysieren wollen, schreiben Sie jeden Traum sofort nach dem Aufwachen auf. Auf diese Weise werden Sie sich an das meiste erinnern können, wenn Sie es bis zu einem späteren Zeitpunkt aufschieben, könnten Sie einige seiner Bedeutungen und Details vergessen. Einige Anleitungen zur Traumdeutung finden Sie auf den Seiten 30–31. Wenn Sie Ihre Träume aufzeichnen, können Sie überprüfen, ob es sich um eine wiederkehrende Situation handelt oder ob irgendwelche Muster erkennbar sind.

Vielleicht möchten Sie auch mit einem Traumfänger schlafen, der über Ihrem Bett hängt. Dieses Kultobjekt der amerikanischen Ureinwohner soll schlechte Träume einfangen, bevor sie zu Ihnen gelangen, und positive Träume durchlassen.

Traumfänger
Die in einen Traumfänger eingewebten hauchdünnen Fäden sollen schlechte Träume verhindern.

Traumdeutung

Viele der Szenen, die wir im Traum erleben, können in grundlegende Themen eingeteilt werden. Achten Sie auf diese Themen, um ein Verständnis für die Richtung und die Erkenntnisse des Traums zu bekommen.

Farben

Kräftige Farben in Ihren Träumen, z. B. leuchtendes Rot, Orange und Gelb, verleihen Ihnen Energie und Tatkraft für die Zukunft und bringen Ihnen Glück. Grün weist auf Geldangelegenheiten und Beziehungen hin; wenn das Grün dunkel ist, ist das kein gutes Omen für diese Bereiche. Blau, Indigo und Violett deuten darauf hin, dass es an der Zeit ist, die Traumszene, die Sie sehen, zu überdenken und abzuwarten. Ein schwarzweißer Traum deutet darauf hin, dass er aus der Vergangenheit stammt; ein bunter Traum ist eine Vorhersage für die Zukunft.

Haus

Das Haus steht für das Selbst. Das Schlafzimmer steht für Ihre sexuelle Natur, die Küche für Ihr Arbeitsleben und der Keller für Ihr Unterbewusstsein.

Erde

Jeder Traum, der mit Erde zu tun hat, ist ein gutes Omen und deutet auf reiche zukünftige Möglichkeiten hin. Dunkle, schwere Erde ist eine Warnung, mit der Tradition zu brechen und darauf zu achten, dass man in der Zukunft nicht im Trott stecken bleibt.

Zeit

Viele Träume enthalten ein Zeiterleben. Schauen Sie genau hin, um zu sehen, was dieser Sinn Ihnen sagt. Eine Uhr zeigt zum Beispiel an, dass die Zeit knapp ist und Sie handeln sollten.

Körper

Hände und Arme sind mit Ihrer Kreativität verbunden, Mund und Zähne mit dem unausgesprochenen Wort, und Ihr Haar bedeutet, dass Sie besser anfangen sollten, klar zu denken, bevor Sie handeln, wenn Sie Glück haben wollen.

Handlung

Jeder Traum, der eine Handlung zeigt, wie z. B. arbeiten oder rennen, deutet auf Karriereaussichten hin. Laufen könnte darauf hindeuten, dass eine Flucht aus einer Situation notwendig ist. Wenn Sie von Arbeit träumen, kann das auf eine berufliche Neuorientierung hinweisen.

Traditionelle Traumsymbole

Konzentrieren Sie sich in einem Traum, in dem Objekte vorkommen, eher auf die Wirkung des Objekts als auf das Objekt selbst.

Affe
Betrug im Anmarsch, Lügen, Täuschung: schlechtes Omen.

Dornen
Bösartige Partner, Rückschlag: Unglück.

Eidechse
Betrug, falsche Freunde: schlechtes Omen.

Eier
Wohlstand und Neubeginn: gutes Omen.

Federn
Neuer sozialer Status: Glücksbringer.

Flugzeug
Das Leben schreitet voran: ein gutes Omen.

Garage
Verbesserungen im Leben: gutes Omen.

Handschellen
Ungelöste Sorgen, Einschränkung: Pech.

Insekten
Kleine Sorgen ungelöst: Warnung.

Joch
Kommende Lasten: schlechtes Omen.

Kerzen
Wenn sie brennen, bringt das Glück; wenn sie nicht brennen, Probleme zu Hause.

Krug
Familientreffen, Horizonterweiterung: gutes Omen.

Messer
Trennung von etwas Wertvollem: Unglück.

Öl
Geldverbesserung: viel Glück.

Preis
Erfolg und Belohnungen: gutes Omen.

Räder
Fortschritt: viel Glück.

Salz
Wohlstand: Glück.

Seil
Die Leiter zum Erfolg hinaufklettern: viel Glück.

Tanzen
Neue Freunde: viel Glück.

Treibsand
Katastrophe, man könnte alles verlieren: schlechtes Omen..

Uniform
Sicherheit: viel Glück.

Vögel
Wenn sie aufwärts fliegen, bringt das Glück; wenn sie abwärts fliegen, bringt das Unglück.

Vulkan
Ärgernis: Pech.

Xylophon
Zeit zum Entspannen und Genießen: ein gutes Omen.

Zeitung
Glückliche Zeiten: Glück.

Zoo
Nachlassender Druck: gutes Omen.

Grafologie

Handschriftenanalyse

Die Handschriftenanalyse – die Grafologie – ist eine sehr alte Wissenschaft. Vor Tausenden von Jahren nutzten die Chinesen sie, um ihre Kalligrafie zu deuten. Die Römer nutzten die Grafologie ausgiebig, und im Mittelalter erlebte sie eine Wiederbelebung unter den wenigen gebildeten Menschen jener Zeit. In der Neuzeit haben Psychologen, beginnend mit Carl Jung, die Grafologie als gültigen Indikator für Charakter und Persönlichkeit anerkannt.

Die häufigste Anwendung der Grafologie ist die Charakteranalyse, aber sie wird auch verwendet, um das Schicksal des Schreibers zu beurteilen, da Charakter und Schicksal in hohem Maße Hand in Hand gehen.

Die wichtigsten Indikatoren, die sich leicht auswerten lassen, sind Zonen und Buchstaben. Beginnen Sie mit den Zonen.

Die Zonen

Die Buchstaben sind in drei Bereiche unterteilt: Der Hauptteil ist die mittlere Zone, die Unterlängen sind die untere Zone und die Oberlängen sind die obere Zone. Das Glück wird durch die Zonen wie folgt angezeigt:

- Wenn die Buchstaben der mittleren Zone größer sind als die der oberen und unteren Zone, sind Stärke und Sachlichkeit vorhanden, die in weltlichen Dingen Glück bringen. Das geistige Leben kann jedoch darunter leiden, und es kann die Tendenz bestehen, die Bedürfnisse des Körpers zu ignorieren.

- Wenn die obere Zone am größten ist, kann die Tendenz bestehen, die praktischen Realitäten des Lebens zu ignorieren, und das Glück wird vorbeiziehen.

- Große Schleifen in der unteren Zone zeigen eine Egozentrik, die in manchen Bereichen Glück bringen, aber auch Menschen vertreiben kann. Schleifen, die gerade nach unten verlaufen, sind günstig: Sie weisen auf die Fähigkeit hin, sich zu konzentrieren und sein eigenes Glück zu schaffen.

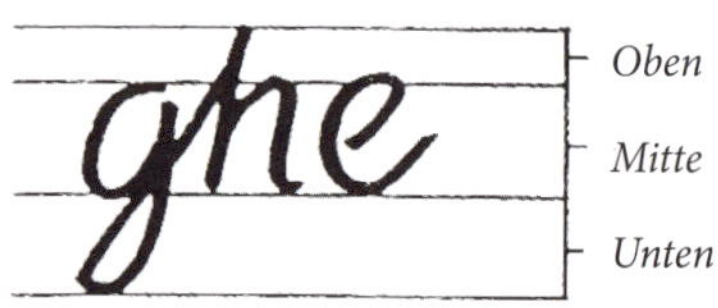

Die Buchstaben

Nachdem Sie die Zonen bewertet haben, betrachten Sie die einzelnen Buchstaben. Einige Buchstaben sind besonders aussagekräftig, sowohl was die Charaktereigenschaften als auch was das Schicksal betrifft.

Großes „M“	**Großes „I“**	**Kleines „t“**	**Kleines „i“**	**Kleines „a“ und „o“**
 Ein hoher erster Strich zeigt an, dass der Schreiber ein gesundes Ego hat und dazu neigt, Glück anzuziehen.	 Ein großes „I“, das größer ist als andere Großbuchstaben, zeigt Eitelkeit und Selbstüberschätzung. Eigenwilligkeit bringt Glück, aber auf Kosten des Glücks anderer.	 Ein Querbalken zeigt einen Tagträumer, wenn er leicht ist, oder eine starke Fantasie, wenn er schwer ist.	 Ein länglicher Punkt zeigt eine Person mit großer kritischer Sensibilität. Intuitive Entscheidungen erweisen sich als Glücksfall.	 Ein kleines, offenes „a“ oder „o“ deutet auf eine Person hin, die so gesprächig ist, dass sie ein Klatschmaul ist. Neid auf das Glück anderer Menschen bedeutet, dass sie ihr eigenes nicht zu schätzen wissen.
 Wenn der erste Strich niedriger ist, kann das Glück weniger freundlich sein – Sie können von den Meinungen anderer getroffen werden.	 Ein großes „I“, das viel kleiner als die anderen Großbuchstaben ist, zeigt Schüchternheit und eine schwache Persönlichkeit. Der Schreiber hat vielleicht Mühe, irgendwo Glück zu finden.	 Ein langer Balken, der sich über das ganze Wort erstreckt, ist ein Zeichen für Ehrgeiz. Der Schreiber wird nach dem Glück greifen.	 Dicke und schwere Punkte verraten schlechte Laune und sogar Brutalität. Das Glück wird vertrieben.	
 Wenn das „M“ abgerundet ist, fehlt es der Persönlichkeit wahrscheinlich an Durchsetzungsvermögen; das nicht ergriffene Glück wird vorbeigehen.	 Ein aufgeblasenes großes „I“ zeigt eine übertriebene Selbstherrlichkeit. Nach wie vor kann der Eigensinn in einigen Bereichen Glück erzwingen, allerdings auf Kosten anderer Menschen.	 Schüchternheit und mangelndes Selbstvertrauen zeigen sich in einem kurzen Strich. Der Autor hat vielleicht Angst, Risiken einzugehen.	 Ein Punkt, der einen kleinen Bogen bildet, zeugt von großer Beobachtungsgabe. Der Autor macht sein eigenes Glück.	 Wenn diese Buchstaben geschlossen oder verknotet sind, zeigt sich eine sehr in sich gekehrte und diskrete Person. Nach harter Arbeit und großen Anstrengungen wird der Schreiber sein Glück finden.
 Wenn das „M“ sehr eckig ist, demonstriert der Schreiber Tatkraft und Stärke, was sein eigenes Glück schafft.	 Ein großes „I“, das Brüche aufweist, zeigt eine Trennung der Persönlichkeit. Der Schreiber neigt dazu, das Glück zu übersehen, wenn es sich zeigt.	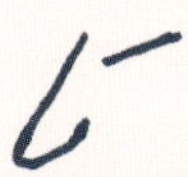 Ein starker Balken, der weit nach rechts kreuzt, ist ein Indikator für Selbstvertrauen. Diese Person zieht das Glück im Leben an.		

Übersinnliches Zeichnen

Führung durch die Geister

Übersinnliches Zeichnen oder Schreiben wird als Diktat eines verstorbenen Geistes betrachtet, der den Lebenden mit Botschaften, die durch den Sehenden auf das Papier gechannelt werden, Orientierung gibt. Diese Form des übersinnlichen Zeichnens ist in der Tat ein bewusster Traum.

Übersinnliches Zeichnen wurde erstmals um 1840 von der Mesmeristen-Bewegung erwähnt, wo gechanneltes Sprechen und Schreiben während einer hypnotischen Trance praktiziert wurden. Die Botschaften wurden als Informationen interpretiert, die von den Geistern Verstorbener kamen. Es wurde in den Vereinigten Staaten populär und verbreitete sich schnell im übrigen Westen. Erweitert wurde das übersinnliche Zeichnen vom Schotten David Duguld im Jahr 1870 und der Polin Marion Gruzewski in den 1920er-Jahren zu einer „Malen-im-Dunkeln"-Erfahrung.

Das Lesen der Bilder
Jede Form von intuitiver Fähigkeit kann durch die Technik des übersinnlichen Zeichnens erschlossen werden. Mit der Wahrnehmung können alle Markierungen, die auf dem Papier erscheinen, zu wahrsagerischen Enthüllungen führen.

Bildliche Vorstellung

Fast jeder kann durch automatisches Schreiben oder Malen Informationen erzeugen, die für die Wahrsagerei ausgewertet werden können. Der Automist – wie der Leser genannt wird – versetzt sich in einen entspannten, tranceähnlichen Zustand und erinnert sich danach vielleicht an gar nichts mehr. Die Bilder, die Sie zu Beginn erhalten, können sehr grob sein, mit nur einem Buchstaben oder einer Figur auf der Seite. Versuchen Sie es weiter, und mit Ausdauer und Übung können Sie geistige und praktische Einsichten gewinnen. Ob es nun der Geist, Telepathie oder übersinnliche Fähigkeiten sind, die die Hand des Schreibers oder Malers leiten, Sie können so Glück und Erleuchtung finden.

1. Um sich auf diese mystische Erfahrung vorzubereiten, setzen Sie sich ruhig an einen friedlichen Ort und halten Sie einen Stift, einen Farbstift oder einen Pinsel mit einer Farbpalette über ein Blatt Papier. Es kann sein, dass Sie Ihre Augen oder Ihren Geist für Ihre unmittelbare Umgebung schließen möchten.

2. Werden Sie sich Ihres Arms bewusst. Lassen Sie zu, dass er sich vom Rest Ihres Körpers abkoppelt und sich willkürlich bewegt. Lassen Sie sich mit der Hand über das Papier führen.

3. Automatisches Schreiben fließt aus dem Geist, im Einklang mit dem kosmischen Gesetz. Studieren Sie, meditieren Sie, und schließlich werden Sie in der Lage sein, die Zeichen für gute oder schlechte Omen zu entziffern, die Ihnen von den Glücksgöttern gesandt wurden.

N
W
E
S

Kapitel 2

Glück aus der Natur

Ihr Körper schwingt mit einer hohen, kräftigen Frequenz. Jeder von uns ist ein Miniaturuniversum, das mit allem um uns herum in Resonanz steht. Wir alle sind in direktem Kontakt mit der Natur und ihren lebenden Symbolen. Die Natur ist der Keim allen Lebens. Wenn das innere Kraftwerk wirklich funktioniert, dann sind Sie ganz natürlich mit allem anderen in der Natur im Einklang.

Unsere Vorfahren erkannten den Vorteil, mit den vier Elementen Erde, Feuer, Luft und Wasser und dem Planeten Erde selbst zu arbeiten, um Zeichen und Signale zu erhalten, die den Willen der Natur vorhersagen, der das Wohlergehen des Menschen direkt bestimmt. Das Überleben stand immer im Mittelpunkt allen Lebens; es war der kritischste und wichtigste Punkt des Tages. Die Natur und ihre Vorzeichen für die Zukunft wurden zu einer mächtigen Informationsquelle. Die Natur bietet eine besondere Sprache, die man – wenn man die Zeichen versteht – aus Stöcken und Steinen, Vogelflügen, Windrichtungen, Regen, einer Handvoll Erde, Feuer oder Wasser, Tierbewegungen oder der Vegetation lesen kann.

Ein einfaches Blatt von einem Baum, das man in der Hand hält, steht sowohl für das Blatt als auch für das eigene Sein im Hier und Jetzt – synchronisiert mit dem Moment des ganz natürlichen Seins. Für unsere Vorfahren war das Blatt eine Aufzeichnung, ein Informationsspeicher, der den Plan all der Jahre des Lebens des Baumes und der Erde vor ihm enthielt – all die Zyklen und Kreise der Natur, die den Baum, die Erde und den Menschen in diesem Moment zusammenbringen.

Die Natur ist die Aufzeichnung allen Lebens, das je existiert hat, und in dieser Aufzeichnung ist unser eigenes Leben festgelegt, und unser Schicksal und unsere Geschicke schwingen mit.

Pyromantie

Weissagung durch die Flamme

Das Feuer ist ein dynamisches Symbol des Lebens. Es nimmt eine doppelte Rolle ein, denn es kann sowohl Feind als auch Freund des Menschen sein. Feuer kann ein brennender Wald sein, ein Vulkan, der seine schwefelhaltige Zerstörung ausstößt, oder die sengende Hitze der Wüste. In Kriegszeiten ist es ein purpurner Schrecken, der Länder und Nationen verschlingt, aber in Friedenszeiten ist das Feuer der glühende, freundliche Herd, der zum Symbol für Häuslichkeit und Zufriedenheit wird.

Für alte Kulturen stellte das Feuer den Samen des Lebens dar, zu dem alles Leben zurückkehren muss. Das Feuer symbolisierte den goldenen Lichtstrahl, der materiell Wärme und Trockenheit erzeugte. Es wurde als Mittel der großen Reinigung und damit der Opferung und Erneuerung angesehen.

Von den Göttern

Ein durchgängiges Thema der Mythologie ist der Glaube, dass Feuer entweder von den Göttern oder der Sonne gestohlen und den Menschen übergeben wurde. Den Göttern wurden Opfer dargebracht, die auf das offene Feuer gelegt wurden. Wenn die Flamme hell und klar brannte, galt dies als gutes Omen. Wenn die Flamme stumpf oder laut erschien und beim Brennen plätscherte, waren die Götter verärgert, und den Opfernden sollte Unglück widerfahren. Das Feuer ist nach wie vor eine elementare Kraft, die in einem vom Menschen geschaffenen Käfig eingesperrt und streng bewacht werden kann. Aber es ist bereit, bei der geringsten Nachlässigkeit der Wachsamkeit zu entkommen und alles, was ihm begegnet, zu Asche zu machen.

Glück aus der Flamme

Schnelle Antworten auf Ihre Fragen erhalten Sie, wenn Sie sie aufschreiben und in ein Feuer werfen.

1. Schreiben Sie Ihre Frage auf ein Blatt Papier. Verwenden Sie für jede Frage ein eigenes Blatt Papier.

2.Setzen Sie sich an ein Feuer, das noch glüht, dessen Flammen aber bereits erloschen sind. Werfen Sie Ihre Frage auf dem Papier in das Feuer.

3. Wenn das Papier sofort zu einer Flamme aufflackert, ist die Antwort ein „Ja" für zukünftiges Glück.

4. Wenn das Papier nicht heftig brennt oder sogar nicht vollständig durchbrennt, dann ist das Feuer-Omen nicht gut, und der Ausgang wird nicht günstig sein.

Kapnomantie

Das Rauchorakel

Rauch ist eine Kombination aus Feuer und Luft und gilt seit jeher als ein sehr erhellendes Werkzeug für die Weissagung. Rauch, der spiralförmig aus einer Öffnung in einem Dach, einem Tempel oder einem Tipi aufsteigt, war als „axis mundi“ bekannt und wies auf einen Weg hin, auf dem die Essenzen aus Zeit und Raum in die ewige Freiheit entkommen konnten.

Die Legende malt das Bild einer menschlichen Seele, die in der flackernden Flamme gezeugt wird und sich in eine Rauchspirale verwandelt, während sie zu den Göttern aufsteigt. Rauch ist auch eine Erinnerung an die Vergänglichkeit des Lebens.

Kultur und Brauch

In vielen Kulturen war es üblich, Weihrauch auf ein Feuer zu legen, um die Geister anzulocken, damit sie ihre Intentionen kundtun. Anhand des Aussehens und Verhaltens des entstehenden Rauchs konnten gute oder schlechte Omen vorhergesagt werden.

Amerikanische Ureinwohnern verwendeten Rauch als Reinigungsmittel. Ein Kräuterbündel wurde zusammengebunden und zum Glühen gebracht, sodass der Rauch über eine Person oder durch einen Raum geleitet werden konnte und alle Verunreinigungen vertrieb.

Räucherstäbchen
Der süße, reinigende Duft eines zusammengebundenen und angezündeten Kräuterbündels vertreibt unerwünschte Energien.

Rauchwahrsagung

Die Weissagung durch Rauch kann leicht im eigenen Garten durchgeführt werden. Die Beschreibung hier ist für eine Weissagung im Freien, kann aber mit Sandelholz-Räucherstäbchen auch in Innenräumen durchgeführt werden.

1. Entzünden Sie im Garten ein kleines Feuer aus leicht feuchtem Holz, um viel Rauch zu erzeugen.

2. Setzen Sie sich vor das Feuer, schließen Sie für einige Minuten die Augen und konzentrieren Sie sich auf die Frage, auf die Sie eine Antwort wünschen.

3. Atmen Sie tief ein und blasen Sie Ihren Atem direkt in die Mitte des Rauches aus.

4. Wenn sich der Rauch nach rechts vom Feuer wegbewegt, ist das ein gutes Zeichen für Glück.

5. Rauch, der sich hauptsächlich nach links bewegt, bedeutet ein „Nein“ auf die gestellte Frage – und kein Glück.

6. Steigt der Rauch nach oben, bedeutet dies, dass die Frage zu diesem Zeitpunkt vom Kosmos nicht beantwortet wird.

Tephromantie

Wahrsagen mit Asche

Asche wurde schon immer zur Wahrsagerei verwendet, vor allem dort, wo Opfer dargebracht wurden, um die Götter um Rat zu bitten. Die Asche wurde danach sorgfältig aufgesammelt und sanft auf den Boden gestreut, um zu sehen, ob ein Bild oder eine Form auftauchte, was als Anhaltspunkt für die Wahrsagerei dienen konnte.

Alte Kulturen sahen das Feuer in drei Stufen. Zunächst gab es das Feuer selbst, das als der Keim aller Dinge angesehen wurde. Dann kam der Rauch, der im Volksglauben dazu diente, alle schädlichen Naturgeister aus dem Wald zu vertreiben. Schließlich blieb die heilige Asche übrig. Diese wurde als nahrhafte Decke der Fruchtbarkeit auf dem Boden respektiert, eine ständige Erinnerung an die versprochene Wiederherstellung der Erde.

Bringer von Kraft

Einige Naturvölker glaubten, dass Asche die Samen des Feuers sind, die so fallen, wie die Samen von Pflanzen fallen. Das Volk der Nuba im Südsudan glaubte, dass Asche große Kraft verleiht. Ihre Ringer bedeckten sich mit Asche, um besonders stark zu sein.

Das kommende Jahr

An wichtigen Tagen wurden Aschefeuer zur Weissagung entzündet. Die Asche wurde am Ende des Feuers eingeebnet und am nächsten Morgen untersucht, ob sie einem Fußabdruck ähnelte. War dies der Fall, hatte jedes Familienmitglied, dessen Fuß in die Form passte, in den nächsten zwölf Monaten Pech. Wenn es keinen Abdruck gab oder der Fuß eines Familienmitglieds nicht passte, dann war dies eine Versicherung, dass dem Haus oder seinen Mitgliedern im nächsten Jahr nichts Schlimmes widerfahren würde.

Zeichen in der Asche

So können Sie Asche zum Weissagen verwenden.

1. Sammeln Sie alle Asche, die Sie finden können, und streuen Sie sie auf den Boden, sie sollte mindestens 5 mm dick sein.

2. Schließen Sie die Augen und werfen Sie eine Handvoll Körner wie getrocknete Weizen-, Mais- oder Gerstenkörner auf die Asche.

3. Zählen Sie, wie viele Körner auf der Asche zurückgeblieben sind. Wenn die Zahl gerade ist, ist das ein Glückszeichen; wenn sie ungerade ist, ist Ihr Glück im Moment „außer Sicht“, und Sie sollten eine Zeit lang keine Risiken eingehen.

Lychnomantie und Lampadomantie

Wahrsagen mit Kerzen und der Flamme einer Lampe

Die Kerzenflamme steht für das Licht in der Dunkelheit und kann als solche wichtige „Ja"- und „Nein"-Antworten zu erkennen. Da sie leicht zu löschen ist, wie das wie das Leben selbst, bündelt sie die notwendige Energie für Vorhersagen. Der Blick in die Flamme einer Lampe wird auch als Mittel der Weissagung verwendet.

Das Ausblasen von Kerzen auf einem Kuchen ist ein uraltes Ritual, das wir alle irgendwann einmal praktiziert haben. Ein Kind wird dazu angehalten, alle Kerzen auf einmal auszublasen, um sich für das kommende Jahr Glück zu wünschen. Sowohl Kerzen als auch Lampen können verwendet werden, um die Zukunft vorauszusagen.

Woran Sie erkennen, dass Ihr Partner treu ist

Eine Walnussschale steht für verborgene Weisheit, Langlebigkeit, Fruchtbarkeit und Stärke in widrigen Umständen.

1. Sie benötigen zwei Hälften einer Walnussschale, zwei kleine Kerzen, ähnlich wie Geburtstagskerzen, eine Schale mit Wasser und ein Streichholz. Stellen Sie eine Kerze aufrecht in jede Hälfte der Walnussschale, indem Sie etwas Wachs von einer anderen Kerze schmelzen.

2.Geben Sie die Walnussschalen in die Mitte der Schüssel mit Wasser und benennen Sie eine Kerze für sich selbst und die andere für Ihren Geliebten. Weiße Kerzen für Männer und rote Kerzen für Frauen erhöhen die Wirkung.

3. Zünden Sie die Kerzen an und wiederholen Sie laut den Namen der Kerze für sich selbst, konzentrieren Sie sich dabei auf diese Kerze und den Namen Ihres Geliebten, während Sie die andere Kerze beobachten. Wenn die beiden Boote nebeneinander schwimmen und die Kerzen gleichmäßig brennen, sind Sie einander treu. Wenn die Muscheln auseinanderdriften oder umfallen oder eine der Flammen erlischt, ist die Beziehung dem Untergang geweiht. Diejenige Kerze, die am längsten brennt, zeigt, dass die Person ihren Partner mehr liebt, als sie selbst geliebt wird.

Kerzenglück fürs nächste Jahr

Sei flink, sei schnell, spring über den Kerzenständer! Wahrsagerituale, bei denen man über Kerzenflammen springt, können helfen, das kommende Jahr zu planen und vorzubereiten.

Das Kerzenrad

Am besten in einem Garten oder auf einem feuerfesten Boden und niemals in der Nähe von Möbeln machen.

1. Stellen Sie zwölf weiße Kerzen in einem großen Kreis auf. Zünden Sie jede Kerze an, die Sie auf den Boden stellen, und benennen Sie sie nach einem Monat des Jahres, beginnend mit Januar.

2. Beginnen Sie mit der Januar-Kerze und springen Sie über jede Kerze, bis Sie den Kreis geschlossen haben. Wenn eine Kerze erlischt oder umgestoßen wird, bedeutet das Unglück oder unglückliche Umstände für den betreffenden Monat. Seien Sie also vorgewarnt und passen Sie zu diesen Zeiten auf, indem Sie wachsam und nicht töricht sind. Umgekehrt bedeuten alle Kerzen, die brennen bleiben, Glück für den jeweiligen Monat.

Störungen des Monats

Wenn eine oder mehrere Ihrer „Monatskerzen" erloschen sind, gibt es einen weiteren Schritt, um den spezifischen Bereich in Ihrem Leben zu bestimmen, der in diesem Monat unharmonisch sein könnte.

1. Dazu brauchen Sie drei weitere Kerzen: eine rote für Ihr Liebesleben, eine grüne für Geldangelegenheiten und eine gelbe für Ihre Karriere. Zünden Sie alle drei an und überspringen Sie sie immer wieder, bis nur noch eine Kerze brennt. Dies ist der wichtigste Bereich, den Sie sich ansehen sollten.

2. Wiederholen Sie dies für jeden Monat, dessen Kerze während des Kerzenrads erloschen ist. Nachdem Sie den spezifischen Bereich Ihres Lebens für jeden Monat ermittelt haben, treffen Sie in diesem Monat besondere Vorsichtsmaßnahmen in diesem Teil Ihres Lebens.

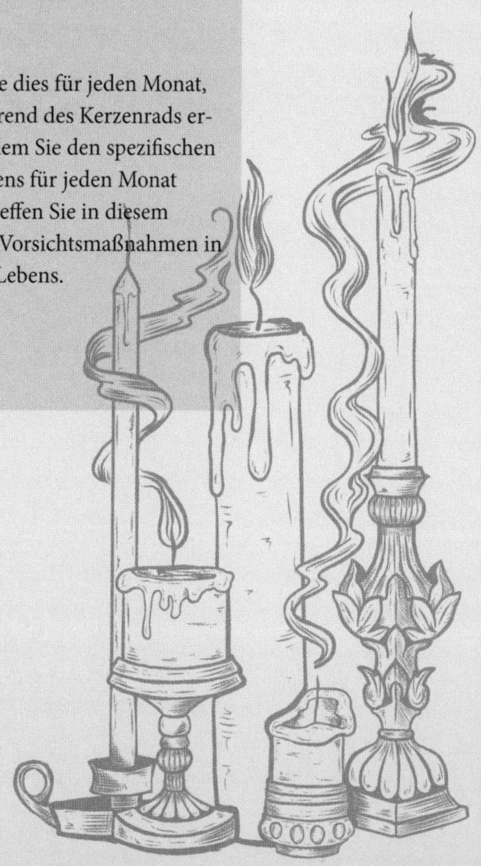

Lampadomantie: Blick in die Lampenflamme

Bevor das elektrische Licht erfunden wurde, benutzte man Öllampen. Die Flamme dieser Lampen wurde zu einem wichtigen Mittel des Wahrsagens. Das flackernde Licht gab viele Hinweise auf gute oder schlechte Omen. Heute gibt es moderne Öllampen, mit denen man Wahrsagerfähigkeiten erlangen kann.

Es ist wichtig, die Lampe vor dem Lesen mindestens 30 Minuten lang brennen zu lassen, damit die Flamme die Möglichkeit hat, sich zu setzen. Setzen Sie sich vor die brennende Lampe und stellen Sie ihr Ihre Frage. Beobachten Sie genau, in welche Richtung die Flamme brennt.

Eine einzige gerade Flamme bedeutet Glück, eine zweigeteilte Flamme Unglück. Biegt sich die Flamme nach rechts, deutet das auf eine bevorstehende körperliche Erkrankung hin, biegt sie sich nach links, steht Ihnen möglicherweise eine Phase geistiger Belastung bevor.

Eine Flamme, die sich auf ungewöhnliche Weise in drei teilt, ist ein außergewöhnlich gutes Omen, das auf extremes Glück hinweist.

Rechts
Eine Flamme, die sich nach rechts neigt, ist ein Warnsignal für eine sich anbahnende schlechte Gesundheit.

Aufrecht
Der Schein einer aufrecht stehenden Flamme ist ein Glücksbringer.

Dreigeteilt
Eine brennende Flamme, die sich in drei Teile teilt, ist das seltenste und glücklichste Omen. Sie bringt Glück.

Links
Wenn sich die Flamme nach links neigt, muss besonders vorsichtig vorgegangen werden, um Spannungen zu vermeiden.

Zweigeteilt
Wenn sich die Flamme in zwei Teile spaltet, wird ein Unglückszauber vorhergesagt.

Glück aus Speisen

Mit Speisen wahrsagen

Die Praxis des Wahrsagens mithilfe von Speisen geht auf heidnische Zeiten zurück, als die Gemeinschaft an Festtagen und Feiertagen zusammenkam, um für die Zukunft zu planen und zu fragen, was sie bereithielt. Solche Traditionen wurden in das christliche Jahr übernommen, und auch heute noch gilt der Verzehr von Speisen und Getränken an Festtagen als glücksbringend.

Süße Träume

Es ist nicht verwunderlich, dass sich viele der Traditionen und der Aberglaube um das Thema Liebe und zukünftige Liebhaber drehten. Anlässlich einer Hochzeit waren solche Gedanken alles, was die jungen unverheirateten Mädchen bei der Feier beschäftigte.

Eine beliebte Methode, um herauszufinden, ob man den Mann, den man liebt, heiraten wird, besteht darin, sich den Ring der Braut auszuleihen und ein kleines Stück der Hochzeitstorte aufzuheben. Führen Sie die Torte dreimal durch den Ring und sagen Sie jedes Mal laut seinen Namen. Schreiben Sie den Namen Ihres Geliebten auf ein Stück türkisfarbenes Papier und legen Sie es zusammen mit der Torte unter Ihr Kopfkissen. Wenn Ihnen in der Nacht das Bild Ihres Geliebten erscheint, ist Ihnen das Eheglück gewiss.

Weihnachtsstimmung

In den traditionellen Weihnachtskuchen wurde vor dem Backen immer eine Silbermünze eingerührt. Eine Münze im Kuchenstück garantierte Glück und Reichtum für den Rest des Jahres. Da Münzen aus massivem Silber heute nur noch schwer zu finden sind, verwenden Sie Schmuckanhänger aus reinem Silber, von denen jeder eine etwas andere Bedeutung hat: ein Hufeisen für Glück, ein Fisch für Fruchtbarkeit, ein Ring für eine Hochzeit, eine Katze für Sehnsucht und Glück und ein Vogel für spirituelle Kraft.

Der Augapfel

Vielleicht kennen Sie den Brauch, die Initialen des Geliebten in der sorgfältig geschälten

Schale eines Apfels zu lesen. Sie können auch einen Apfel in einer Gruppe von Freunden verwenden, um zu bestimmen, wer als Erster heiraten wird. Schneiden Sie einen Apfel in Viertel, bohren Sie ein Loch in jedes Stück, fädeln Sie eine Schnur durch jedes Loch und verknoten Sie sie. Dann wirbelt jeder den Apfel an der Schnur um seinen Kopf, und der Erste, dessen Apfel sich löst und herunterfällt, ist der Erste, der heiratet.

Eier zerschlagen

Am Ostertag war es üblich, ein ungekochtes Gänse- oder Entenei einen Hügel hinunterzurollen. Wenn das Ei unten ankam, ohne zu zerbrechen, versprach es für das nächste Jahr großes Glück. Wenn Sie das heute in einer Gruppe versuchen, sollten Sie Ihr Ei bemalen, damit es besser zur Geltung kommt. Sie können Ihr Ei entweder dekorativ bemalen oder es so färben, dass es einem Lebensbereich entspricht, auf den Sie das Glück anwenden möchten: ein rotes Ei für Ihre Beziehung, ein grünes für Ihre Finanzen und ein gelbes für Ihre Karriere..

Die Wahrsagezwiebel

Der Zwiebel wird Wahrsagekraft zugeschrieben. Um die Antwort auf eine dringende Frage mit mehreren möglichen Ergebnissen zu finden (z. B. die Wahl eines Verehrers), schreiben Sie einfach jede Option auf einen Zettel und befestigen sie an einer anderen Zwiebel. Die erste Zwiebel, die sprießt, gibt die Antwort. Der günstigste Ort für das Keimen der Zwiebeln war früher der Altar einer Kirche, da man glaubte, dass die Geister an einem heiligen Ort freundlicher sind.

Astrologie

Vom Himmel geschickt

Die Astrologie ist möglicherweise die älteste Form des Wahrsagens. Seit frühester Zeit haben die Menschen in den Himmel geschaut und sich über seine Bewegungen gewundert. In den Ruinen antiker Städte wie Ur und Babylon wurden über 5.000 Jahre alte astrologische Texte entdeckt.

Die Astrologie enthält weder Elemente des Übersinnlichen – mit Ausnahme der Intuition eines guten Astrologen – noch des Okkulten oder anderer verwandter Phänomene. Sie ist eine reine Verarbeitung und Interpretation von mathematischen Daten.

Die Prinzipien

Die Astrologie ist ein umfangreiches und hochkomplexes Fachgebiet; die Grundsätze können jedoch so ausführlich erläutert werden, dass jeder, der sich für das Thema interessiert, verstehen kann, wie eine Deutung zustande kommt. Astrologie befasst sich mit der Bewegung der Planeten vor ihrem Sternenhintergrund. Dieser Hintergrund ist in zwölf Muster von Sternen unterteilt, die die Tierkreiszeichen bilden. Die Winkelbeziehungen, die die Planeten sowohl mit den Tierkreiszeichen als auch untereinander bilden, sind die Grundlage für astrologische Berechnungen und Deutungen.

Horoskope zur Bestimmung der Persönlichkeit

Wie Berechnungen angewandt werden, hängt davon ab, wie sie verwendet werden sollen. Die häufigste Anwendung ist die Berechnung eines Geburtshoroskops. Das Geburtshoroskop, das gemeinhin nicht als Wahrsagerei angesehen wird, sagt voraus, wie die Person in verschiedenen Umgebungen funktionieren wird und mit welchen Stärken und Schwächen sie dem Leben begegnen wird. Obwohl es also keine tatsächlichen Ereignisse vorhersagt, ist es doch Wahrsagen im besten Sinne.

Das Geburtshoroskop zeichnet die Position der Sonne, des Mondes und der Planeten zum Zeitpunkt der Geburt einer Person innerhalb der zwölf Tierkreiszeichen auf. Je nach Zeit und Ort der Geburt steht eines der zwölf Tierkreiszeichen am Horizont, das sogenannte aufsteigende Zeichen oder Aszendent. Dieses Zeichen ist sehr wichtig, da es die Position der Häuser festlegt. Bei den Häusern handelt es sich um zwölf Lebensbereiche – Beziehungen, Beruf, Gesundheit und Ausdauer usw. –, die anhand des Horoskops analysiert werden können.

Da sich die Erde ständig dreht, ändert sich die Position des Aszendenten buchstäblich von Sekunde zu Sekunde, ebenso die Positionen der Häuser im Verhältnis zum Tierkreis. Sie ändert sich auch durch die Lage des Geburtsortes nördlich oder südlich des Äquators. Das mag verwirrend klingen, aber es lässt sich leicht veranschaulichen: Der Tierkreis ist ein fester Kreis von Sternen, um den sich die Erde dreht. Die Häuser drehen sich mit der Erde und sind mit ihr „verbunden".

Das einfachste Geburtshoroskop ist eigentlich gar kein Horoskop, denn es berücksichtigt nur den Stand der Sonne zum Zeitpunkt der Geburt. Dies wird Ihr Sonnenzeichen genannt. Das Sonnenzeichen ist wichtig, weil es zur Bestimmung vieler wichtiger Persönlichkeitsfaktoren beiträgt. Diese werden jedoch erst dann vollständig definiert, wenn das Sonnenzeichen in Kombination mit der großen Anzahl anderer Planetenpositionen und -beziehungen sowie der Stellung der Planeten in den Häusern ausgewertet wird.

Quelle des Lebens
Die Sonne ist das Zentrum und die Quelle allen Lebens im Sonnensystem, und sie ist auch das Herzstück der Astrologie.

Die Tierkreiszeichen und ihre Eigenschaften

Widder
♈
21. März–19 April

Mut; Energie;
Ungestüm.

Stier
♉
20. April–20. Mai

Geduld; Beharrlichkeit;
Sturheit.

Zwillinge
♊
21. Mai–20. Juni

Fortschrittlichkeit;
Klugheit; Unbeständigkeit.

Krebs
♋
21. Juni–22. Juli

Inspiration;
Empfindlichkeit;
Ausflucht.

Löwe
♌
23. Juli–22. Aug.

Würde; Großzügigkeit;
Macht;
Anmaßung.

Jungfrau
♍
23. Aug.–22. Sept.

Vernunft; Logik;
Exaktheit; Pedanterie.

Waage
♎
23. Sept.–22 Okt.

Harmonie; Wertschätzung;
Banalitäten.

Skorpion
♏
23. Okt.–21. Nov.

Tiefgründigkeit;
Beharrlichkeit;
Grobheit.

Schütze
♐
22. Nov.–21. Dez.

Gerechtigkeit; Anstand;
Spitzfindigkeit.

Steinbock
♑
22. Dez–19. Jan.

Unabhängigkeit;
Unnahbarkeit;
Starrköpfigkeit.

Wassermann
♒
20. Jan.–18. Feb.

Spiritualität; Überzeugung;
Illusion.

Fische
♓
19. Feb.–21. März

Mitgefühl; Toleranz;
Trägheit.

Horoskope als reines Wahrsagen

Die einfachste Verwendung von Horoskopen für die Wahrsage basiert auf reinen Sonnenzeichen, die die Grundlage für Zeitungshoroskope sind. Seriöse Zeitungsastrologen verwenden planetarische Informationen und Berechnungen, wenn sie Sonnenzeichen-Horoskope erstellen, aber sie sind bestenfalls nur ein Schatten eines vollständigen Horoskops.

Ein vollständiges Horoskop für die Weissagung verwendet dieselben Berechnungen wie das Geburtshoroskop, aber es wird für jeden Einzelnen berechnet, anstatt die gesamte Menschheit in nur zwölf Gruppen einzuteilen – eine offensichtliche Absurdität. Es verwendet die Positionen der Planeten entweder jetzt oder zu einem bestimmten Zeitpunkt in der Zukunft als Grundlage für die Vorhersage zukünftiger Einflüsse.

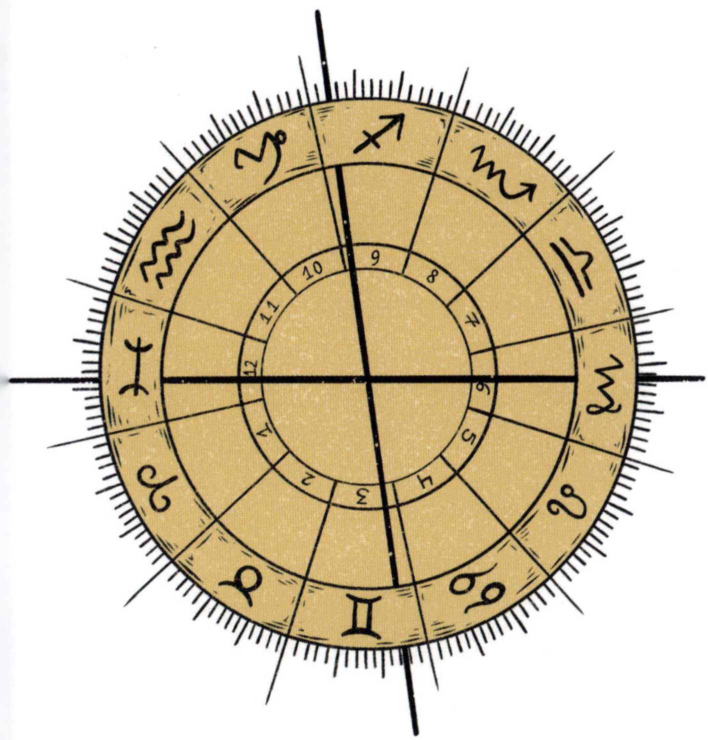

Der Aszendent
Bei der Erstellung eines vollständigen Horoskops werden die Häuser in Bezug auf die Position des Aszendenten berechnet und positioniert.

„Einflüsse" ist das wichtige Wort: Horoskope sagen nicht die Ereignisse selbst voraus, sondern die Einflüsse auf die Ereignisse, die durch die Stellung der Planeten zu einem bestimmten Zeitpunkt ausgeübt werden. Ob diese Einflüsse in Handlungen umgesetzt werden oder nicht, hängt immer noch ganz vom Willen des Einzelnen ab.

Erstellen eines Horoskops

Beim Erstellen eines Horoskops beginnt der Astrologe mit dem Datum, der Uhrzeit und dem Ort der Geburt der betreffenden Person. Anhand dieser drei Informationen können durch eine Reihe von Berechnungen die Positionen von Sonne, Mond und Planeten zum Zeitpunkt der Geburt bestimmt werden. Dazu wird das Datum in Ephemeriden nachgeschlagen, einem Buch mit Tabellen der Positionen von Sonne, Mond und Planeten für jeden Tag. Anschließend werden Korrekturen für die Geburtszeit vorgenommen, um den Aszendenten zu bestimmen.

Sobald der Aszendent ermittelt ist, werden die Positionen der zwölf Häuser bestimmt und die Positionen der Planeten in den Häusern können aufgezeichnet werden. Wenn alle Berechnungen abgeschlossen sind und die Positionen der Planeten feststehen, kann der Astrologe mit der Analyse der gewonnenen Informationen beginnen. Zunächst wird davon ausgegangen, dass jeder Planet seine eigenen Eigenschaften hat, die er dem jeweiligen Haus, in das er fällt, zuordnet. Dann werden die Positionen der Planeten zueinander analysiert, um ihre Aspekte zu bestimmen – den Winkel, den die Position eines Planeten mit der Position eines anderen Planeten bildet. Es gibt fünf starke Aspekte. Die ersten drei werden als positive Aspekte betrachtet. Dabei handelt es sich um die Konjunktion, bei der die beteiligten Planeten 0° nebeneinander stehen, das Sextil, bei dem die Planeten 60°

Die Planeten und ihre Bedeutung

Sonne	Mond	Merkur	Venus	Mars
Das Lebewesen; der physische Körper; die psychische Energie; das männliche Prinzip.	Die Seele und die Psyche; das Gefühl; Veränderung und Fluktuation; das weibliche Prinzip.	Intelligenz, Bewegung, Vernunft, Kommunikation.	Liebe; Sex; Kunst; körperliche Anziehung; Sentimentalität.	Libido; Aktion; Energie; Aggression.

Jupiter	Saturn	Uranus	Neptun	Pluto
Expansion; Reichtum; Gesundheit; Entwicklung.	Verengung; Einschränkung; Hemmung; Verlust; Trennung; Beschränkung.	Plötzlichkeit; Revolution; Gewalt; Magie, Alchemie und Okkultismus; Kreativität.	Empfänglichkeit; Fantasie; Mystik; Täuschung; übersinnliche Fähigkeiten.	Macht; Diktatur; Demagogie.

voneinander entfernt sind, und das Trigon, bei dem die Planeten 120° voneinander entfernt sind. Die beiden anderen Aspekte, das Quadrat, bei dem die Planeten 90° voneinander entfernt sind, und die Opposition, bei der die Planeten 180° voneinander entfernt sind, gelten als schwierig. Es gibt noch eine Reihe weiterer Aspekte, die jedoch alle als schwächer gelten.

Mit all diesen Informationen macht der Astrologe eine Synthese. Wie im Leben gibt es auch in jedem Horoskop widersprüchliche Informationen, und die Erfahrung des Astrologen kommt ins Spiel, wenn es darum geht, zu bestimmen, welche Einflüsse im Leben der Person aktiv sind – oder ob eine Kombination von ihnen aktiv ist.

Ein Beispiel: Mars im zehnten Haus zeigt eine Person an, die energisch und kraftvoll nach ihrer Karriere strebt, möglicherweise auf Kosten anderer Bereiche ihres Lebens. Wie sich dies genau entwickelt, lässt sich durch die Einflüsse der Planetenaspekte klären. Steht Mars im zehnten Haus im Quadrat zu Saturn, dann ist das Arbeitsleben der Person nicht günstig beeinflusst, und obwohl die Person maximale Anstrengungen unternimmt, wird sie auf Hindernisse und Frustration stoßen. Steht Mars jedoch im Quadrat zu Saturn und dann auch noch im Trigon zu Jupiter, werden viele der schädlichen Einflüsse von Saturn beseitigt.

Anhand dieses kurzen Beispiels eines kleinen Horoskopfragments wird klar, dass die Deutung eines Horoskops ein äußerst komplexer Vorgang ist. Wer wirklich mehr wissen will, sollte sich einen möglichst kompetenten Astrologen suchen. In vielen Ländern gibt es astrologische Vereinigungen, deren Astrologen hohen Anforderungen genügen müssen. In den meisten astrologischen Publikationen finden Sie Listen mit Astrologen in Ihrer Nähe.

Die Häuser und die Lebensbereiche, die sie repräsentieren

Erstes
Entwicklung der Persönlichkeit; Umwelt; Kindheit; physischer Körper.

Zweites
Materielle Besitztümer und Geld.

Drittes
Familienbeziehungen; Kommunikation.

Viertes
Elternhaus; vererbte Merkmale.

Fünftes
Fortpflanzung; Sexualität; Vergnügen; Risiken; Spekulation.

Sechstes
Gesundheit.

Siebentes
Partnerschaft und Ehe; die Gemeinschaft; Feinde.

Achtes
Unfälle; Tod; Erbschaft; Geld des Ehepartners.

Neuntes
Spirituelles Leben; Philosophie; Religion; Reisen.

Zehntes
Berufung; Karriere; öffentliches Leben.

Elftes
Hoffnungen; Wünsche; Freundschaften.

Zwölftes
Das Unsichtbare; geheime Feinde; verborgene Schwierigkeiten; Abgeschiedenheit.

Chinesische Astrologie

Buddhas zwölf Tiere

Der chinesischen Überlieferung zufolge bat Buddha, als er im Sterben lag, alle Tiere, ihn zu besuchen, um sich von ihm zu verabschieden. Nur zwölf Tiere erschienen, und um ihnen zu danken und sie zu verewigen, gab er jedem sein eigenes Jahr. Die Reihenfolge, in der jedes Tier im chinesischen Tierkreis erscheint, entspricht der Reihenfolge, in der es gekommen ist.

Die chinesische Astrologie basiert auf dem Mondkalender, der im Altertum weiter verbreitet war als der Sonnenkalender. Jedes Zeichen, das durch eines der zwölf Tiere des Buddha gekennzeichnet ist, dauert etwa ein Jahr lang. Das chinesische Neujahrsfest beginnt mit dem ersten Neumond im Wassermann und kann somit zwischen Anfang Januar und Ende Februar fallen.

Die Zeichen und die Tiere

Da das chinesische Neujahr in den meisten Jahren auf ein anderes Datum fällt, ändern sich auch die Daten der zwölf Zeichen. So kann eine Person, die in einem Jahr Anfang Februar geboren wird, ein Ochse sein, während jemand, der ein Jahr später genau am selben Datum geboren wird, dem Zeichen des Tigers zuzuordnen ist.

Jedes Zeichen übt seinen Einfluss ein Mondjahr lang aus, bis zum nächsten Vollmond im Wassermann. Die zwölf Zeichen (siehe Seiten 58–61) haben bestimmte Eigenschaften, die sie der Persönlichkeit verleihen, und jedes Zeichen schneidet in manchen Jahren besser ab als in anderen.

Ratte

Es ist keine Schande, eine Ratte zu sein. Schließlich war sie das erste Tier, das dem Ruf des Buddha folgte. Ratten sind freundlich und aufgeschlossen und immer von einer Menschenmenge umgeben. Ratten haben einen ausgezeichneten Instinkt, und ihr Sinn für Humor hilft ihnen aus der Patsche, wenn sie mal etwas zu viel wollen. Die Ratte hat eine lockere Einstellung zu Geld – bis sie beschließt, dass sie genug hat.

Günstige Jahre Ratte, Drache, Affe.

Ungünstige Jahre Hase, Pferd, Hahn.

Sehr kompatibel andere Ratten, Büffel, Drachen, Hunde, Schweine, Affen.

Nicht kompatibel Der Rest.

Jahre der Ratte

Januar 24, 1936–Februar 10, 1937
Februar 10, 1948–Januar 28, 1949
Januar 28, 1960–Februar 14, 1961
Februar 15, 1972–Februar 2, 1973
Februar 2, 1984–Februar 19, 1985
Februar 19, 1996–Februar 6, 1997
Februar 7, 2008–Januar 25, 2009
Januar 25, 2020–Februar 11, 2021

Büffel

Wie das Tier selbst sind Büffel zuverlässig und verlässlich, aber sie können in einem Trott stecken bleiben und viele Freuden des Lebens verpassen. Da sie sehr konventionell und aufopferungsvoll sind, eignen sie sich nicht besonders gut für das Familienleben und sind nicht gerade die romantischsten Partner. Sie sind jedoch loyal und gute Versorger, was ihren Mangel an Leidenschaft zu einem großen Teil ausgleicht.

Günstige Jahre Büffel, Schlange, Hahn.

Ungünstige Jahre Ziege, Drache, Hund.

Sehr kompatibel Ratten, andere Büffel, Hähne, Hunde.

Nicht kompatibel Tiger, Drachen, Pferde, Schweine, Affen

Jahre des Büffels

Februar 11, 1937–Januar 30, 1938
Januar 29, 1949–Februar 16, 1950
Februar 15, 1961–Februar 4, 1962
Februar 3, 1973–Januar 22, 1974
Februar 20, 1985–Februar 8, 1986
Februar 7, 1997–Januar 27, 1998
Januar 26, 2009–Februar 13, 2010
Februar 12, 2021–Januar 31, 2022

Tiger

Tiger sind eines der glücklichsten Sternzeichen, und da sie dazu neigen, Risiken einzugehen, ist das wahrscheinlich auch gut so! Sie sind ruhelos, langweilen sich leicht und halten sich nicht gerne an Regeln. Und halten Sie sie von Spiegeln fern, wenn Sie wollen, dass sie etwas zustande bringen!

Günstige Jahre Tiger, Pferd, Hund.

Ungünstige Jahre Affe, Schwein, Schlange.

Sehr kompatibel Drachen, Pferde, Affen, Schweine.

Nicht kompatibel Büffel, Schlangen, Hähne, Schweine.

Jahre des Tigers

Januar 31, 1938–Februar 18, 1939
Februar 17, 1950–Februar 5, 1951
Februar 5, 1962–Januar 24, 1963
Januar 23, 1974–Februar 10, 1975
Februar 9, 1986–Januar 28, 1987
Januar 28, 1998–Februar 15, 1999
Februar 14, 2010–Februar 2, 2011
Februar 1, 2022–Januar 21, 2023

Hase

Schönheit ist für Kaninchen sehr wichtig, und sie können extreme Entbehrungen ertragen, wenn ihre Umgebung harmonisch und komfortabel ist. Sie wollen von allem nur das Beste haben – ob sie es sich leisten können oder nicht! Aber sie sind alles andere als hochnäsig und distanziert. Es gibt keine bessere Schulter, an der man sich ausweinen kann.

Günstige Jahre Hase, Ziege, Schwein.

Ungünstige Jahre Hahn, Pferd, Ratte.

Sehr kompatibel andere Hasen, Hunde, Ziegen, Schweine.

Nicht kompatibel Ratten, Tiger, Pferde.

Jahre des Hasen

Februar 19, 1939–Februar 7, 1940
Februar 6, 1951–Januar 26, 1952
Januar 25, 1963–Februar 12, 1964
Februar 11, 1975–Januar 30, 1976
Januar 29, 1987–Februar 16, 1988
Februar 16, 1999–Februar 4, 2000
Februar 3, 2011–Januar 22, 2012
Januar 22, 2023–Februar 9, 2024

Drache

Drachen machen ihrem Namen alle Ehre und wundern sich dann, warum die Menschen sie meiden. Man sollte sie auf keinen Fall verärgern, es sei denn, man will versengte Augenbrauen. Doch ihre Stärke ist ein Wunder, und sie können und werden andere mitreißen, wenn es schwierig wird. Unter ihrem schuppigen Äußeren sind sie gefühlvoll, liebevoll und anhänglich, und wenn man sie mit Zuneigung behandelt, werden die Flammen gelöscht.

Günstige Jahre Drache, Affe, Ratte.

Ungünstige Jahre Hund, Ziege, Büffel.

Sehr kompatibel Ratten, Drachen, Pferde, Affen.

Nicht kompatibel Hunde, Büffel.

Jahre des Drachen

Februar 8, 1940–Januar 26, 1941
Januar 27, 1952–Februar 13, 1953
Februar 13, 1964–Februar 1, 1965
Januar 31, 1976–Februar 17, 1977
Februar 17, 1988–Februar 5, 1989
Februar 5, 2000–Januar 23, 2001
Januar 23, 2012–Februar 9, 2013
Februar 10, 2024–Januar 28, 2025

Schlange

Schlangen häuten sich, wie ihre Namensvettern auch. Oft. Und kostspielig. Ihre Schränke sind voll mit eleganter Kleidung, die ihre natürliche Attraktivität ergänzt. Sie sind von Bewunderern umgeben – vor allem von denen, die bereit sind, ihren pflegeintensiven Lebensstil zu unterstützen. Sie sind bekannt für ihre Indolenz und Doppelmoral, aber auch für ihre Weisheit, wenn sie andere beraten.

Günstige Jahre Schlange, Hahn, Büffel.

Ungünstige Jahre Schwein, Affe, Tiger.

Sehr kompatibel Büffel, Ziegen, Drachen.

Nicht kompatibel Pferde, Affen, Schweine.

Jahre der Schlange

Januar 27, 1941–Februar 14, 1942
Februar 14, 1953–Februar 2, 1954
Februar 2, 1965–Januar 20, 1966
Februar 18, 1977–Februar 6, 1978
Februar 6, 1989–Januar 26, 1990
Januar 24, 2001–Februar 11, 2002
Februar 10, 2013–Januar 29, 2014
Januar 29, 2025–Februar 16, 2026

Pferd

„Zäune mich nicht ein", ist die Devise des Pferdes. Sie haben nicht nur das Bedürfnis, frei zu laufen, sondern das Reisen liegt in ihrem Wesen. Sie sind sehr gesprächig, fleißig und praktisch. Alltägliche Aufgaben lassen sie kalt, aber sie sind die ersten, die eine Party schmeißen. Sie haben viele Freunde – zu ihren eigenen Bedingungen.

Günstige Jahre Pferd, Tiger, Hund.

Ungünstige Jahre Rat, Hase, Hahn.

Sehr kompatibel Tiger, Ziegen, Hunde, Schweine.

Nicht kompatibel Schlangen, Affen, Hasen.

Jahre des Pferdes

Februar 15, 1942–Februar 4, 1943
Februar 3, 1954–Januar 23, 1955
Januar 21, 1966–Februar 8, 1967
Februar 7, 1978–Januar 27, 1979
Januar 27, 1990–Februar 14, 1991
Februar 12, 2002–Januar 31, 2003
Januar 30, 2014–Februar 18, 2015
Februar 17, 2026–Februar 5, 2027

Ziege

Ziegen sind bekannt für ihr unkonventionelles und kreatives Wesen und ihren guten Geschmack. Sie sind das sympathischste Tierkreiszeichen, aber auch das zerbrechlichste. Sie brauchen viel Zärtlichkeit von ihren Mitmenschen, und die Liebe steht im Mittelpunkt ihres Wesens. Versuchen Sie aber nicht, sie zu drängen oder zu überrumpeln, und erwarten Sie nicht, dass sie pünktlich sind!

Günstige Jahre Ziege, Hase, Schwein.

Ungünstige Jahre Büffel, Drache, Hund.

Sehr kompatibel Hasen, andere Ziegen, Schweine, Affen.

Nicht kompatibel Ratten, Tiger, Hähne.

Jahre der Ziege

Februar 5, 1943–Januar 24, 1944
Januar 24, 1955–Februar 11, 1956
Februar 9, 1967–Januar 29, 1968
Februar 9, 1979–Februar 15, 1980
Februar 15, 1991–Februar 3, 1992
Februar 1, 2003–Januar 20, 2004
Februar 19, 2015–Februar 7, 2016
Februar 6, 2027–Januar 25, 2028

Affe

Die Gefühle eines Affen schwanken zwischen Glück und Niedergeschlagenheit. Wenn Ihr Partner ein Affe ist, lassen Sie das Leben nicht zu vorhersehbar werden – sie brauchen Höhen und Tiefen, um sich lebendig zu fühlen. Sie sind die perfekten Problemlöser: Wenn es einen Weg gibt, eine komplexe Situation zu lösen, findet ein Affe ihn. Aber sie sind auch nicht davor gefeit, die Wahrheit zu verbiegen, wenn sie es für nötig halten.

Günstige Jahre Affe, Rat, Drache.

Ungünstige Jahre Tiger, Schlange, Schwein.

Sehr kompatibel Tiger, Drachen, Hähne, Ratten.

Nicht kompatibel Büffel, Schlangen, Hunde.

Jahre des Affen

Januar 25, 1944–Februar 12, 1945
Februar 12, 1956–Januar 30, 1957
Januar 30, 1968–Februar 16, 1969
Februar 16, 1980–Februar 4, 1981
Februar 4, 1992–Januar 22, 1993
Januar 21, 2004–Februar 8, 2005
Februar 8, 2016–Januar 27, 2017
Januar 26, 2028–Februar 12, 2029

Hahn

Hähne haben mehr schlechte Presse – die meiste davon unverdientermaßen – als jedes andere Zeichen. Sie zeichnen sich durch eine unverblümte Ehrlichkeit aus, die andere aus der Fassung bringt. Sie neigen dazu, freundliche Ratschläge zu erteilen, die oft mit Rechthaberei verwechselt werden. Hähne sind von Natur aus Lehrer, und ihre Interessen sind breit gefächert. Sie erleben extreme Höhen und Tiefen, aber sie raffen sich immer wieder auf und machen weiter.

Günstige Jahre Hahn Schlange.

Ungünstige Jahre Hase, Pferd, Büffel.

Sehr kompatibel Büffel, Schlangen, Affen, Schweine.

Nicht kompatibel Tiger, Ziegen, Hunde.

Jahre des Hahns

Februar 13, 1945–Februar 1, 1946
Januar 31, 1957–Februar 17, 1958
Februar 17, 1969–Februar 5, 1970
Februar 5, 1981–Januar 24, 1982
Januar 23, 1993–Februar 9, 1994
Februar 9, 2005–Januar 28, 2006
Januar 28, 2017–Februar 14, 2018
Februar 13, 2029–Februar 2, 2030

Hund

Hunde sind wahrscheinlich die Tierkreiszeichen mit den meisten Namen. Sie sind treu, loyal und anhänglich, und sie sind natürliche Wachhunde, Kämpfer gegen Ungerechtigkeit. Hunde reagieren auf ihre Umgebung: Wenn es anderen gut geht, geht es auch ihnen gut; wenn es anderen schlecht geht, geht es auch ihnen schlecht. Sie neigen dazu, die Kämpfe anderer auszufechten und ihre eigenen zu ignorieren.

Günstige Jahre Hund, Pferd, Tiger.

Ungünstige Jahre Drache, Büffel, Ziege.

Sehr kompatibel Büffel, andere Hunde, Ratten.

Nicht kompatibel Drachen, Affen, Ziegen.

Jahre des Hundes

Februar 2, 1946–Januar 21, 1947
Februar 18, 1958–Februar 7, 1959
Februar 6, 1970–Januar 26, 1971
Januar 25, 1982–Februar 12, 1983
Februar 10, 1994–Januar 30, 1995
Januar 29, 2006–Februar 16, 2007
Februar 15, 2018–Februar 4, 2019
Februar 3, 2030–Januar 22, 2031

Schwein

Schweine und Essen sind eine himmlische Verbindung – sie könnten genauso gut im Kühlschrank leben! Schweine fressen viel aus Bequemlichkeit, das müssen sie auch. Sie werden häufig ausgenutzt. Sie können mit der harten Realität nur sehr schlecht umgehen, aber wenn sie schließlich einknicken, springen sie zurück! Schweine haben ein Herz aus Gold, und das ist letztendlich die Eigenschaft, die sie überleben lässt.

Günstige Jahre Schwein, Ziege, Hase.

Ungünstige Jahre Schlange, Tiger, Affe.

Sehr kompatibel Ziegen, Hähne, Hasen, Affen.

Nicht kompatibel Drachen, Schlangen, Pferde.

Jahre des Schweins

Januar 22, 1947–Februar 9, 1948
Februar 8, 1959–Januar 27, 1960
Januar 27, 1971–Februar 14, 1972
Februar 13, 1983–Februar 1, 1984
Januar 31, 1995–Februar 18, 1996
Februar 17, 2007–Februar 6, 2008
Februar 5, 2019–Januar 24, 2020
Januar 23, 2031–Februar 10, 2032

Omen und Auspizien

Visionäre Zeichen

Der Glaube der Menschen an die Macht von Zeichen und Omen hat den Lauf der Geschichte maßgeblich beeinflusst. Man glaubte, dass kommende Ereignisse ihre Schatten vorauswerfen, was die fatalistische Ansicht stärkte, dass das künftige Schicksal im Voraus bestimmt werden kann. Omen wurden immer aus der Natur genommen, einem geordneten System mit einem bestimmten Rhythmus. Jede Störung dieses bewährten Ablaufs löste Angst aus – ein Zeichen für bevorstehende Schwierigkeiten.

Wie früher sagt ein Omen auch heute eine glückliche Zukunft voraus oder warnt vor Gefahren, die es zu vermeiden gilt; aber Omen können immer auch als Signale für Gelegenheiten verstanden werden, die es zu nutzen gilt. Dazu müssen wir nur die Elemente der uns umgebenden natürlichen Welt beachten.

Der Augur: der Deuter von Omen

Im Laufe der Geschichte war ein Augur ein Experte, der geschult war, die Omen zu konsultieren, um Vorhersagen zu treffen, indem er die Wünsche der Götter las, die durch die Natur zum Ausdruck kamen. Sie nahmen Omen aus allen Bereichen des Lebens, von den alltäglichsten Aktivitäten bis hin zu den Omen der Sternschnuppen – der Meteorantie. Vögel waren oft von besonderem Interesse für die Auguren, die ihre Vorzeichen aus dem Abwerfen von Federn und der Anordnung und Konsistenz von Vogelkot ableiteten. Der Augur wählte die möglichen Folgen von Naturereignissen aus, und je nachdem, welches Ergebnis eintrat, wurde es als ein Zeichen der Natur gedeutet.

Um die eigenen Fähigkeiten als Auguren zu verbessern, sollte man kirchlichen Purpur und heidnisches Orange tragen und in der rechten Hand einen armlangen Stab aus einem unbearbeiteten Baumast halten.

Omen des Himmels

Eine ergiebige Quelle für Omen ist der Himmel mit seinen Sternen, der Sonne, dem Wind, dem Regen und der Flugrichtung der Vögel. Fliegt zum Beispiel ein einzelner Vogel oder ein Vogelschwarm nach rechts, ist das ein Omen für Geldgewinne oder eine gute Ernte. Fliegen sie nach links, bedeutet das spirituelle Erleuchtung.

Austromantie: Antworten aus der Luft

Das Lesen von Omen aus der Luft wird vereinfacht, indem man zwei Stücke Papier in gleicher Größe und gleichem Gewicht zuschneidet, ein rotes und ein blaues. Lassen Sie beide Stücke aus einem offenen Fenster in den Wind fallen. Das rote Stück steht für ein „Ja" als Antwort auf die Frage, die Sie im Kopf haben, und das blaue für ein „Nein". Das Stück, das zuerst den Boden erreicht, ist Ihre Antwort.

Hydromantie: Omen in der Tiefe

Wenn Sie eine Frage haben, werfen Sie einen schwarzen Kieselstein in einen Teich oder ein stehendes Gewässer und zählen Sie die Wellen. Eine ungerade Zahl bedeutet, dass die Antwort „Ja" lautet, eine gerade Zahl bedeutet „Nein".

Tieromen

Sowohl Wild- als auch Haustiere haben seit jeher einen großen Beitrag zu Omen geleistet. Die frühen Menschen, insbesondere die Ägypter, erkannten eine enge Verbindung zwischen sich und den Tieren, die sie fürchteten, nutzten oder bewunderten. Sie entwickelten magische Methoden, um sich die Kräfte der Tiere anzueignen, und erhoben einige Tiere in den Rang von Göttern. Viele antike Götter wurden mit Tierköpfen abgebildet.

Im Laufe der Geschichte haben verschiedene Tiere unterschiedliche Bedeutungen gehabt. Ein Beispiel ist die Katze, die im alten Ägypten als heilig verehrt wurde. Es wurden Katzenfriedhöfe mit Tausenden von Katzen gefunden. Sie wurden so sehr verehrt, dass die Verletzung einer Katze die Todesstrafe nach sich ziehen konnte. Im mittelalterlichen Europa glaubte man, dass Katzen die Gefährtinnen von Hexen seien, und sie erlitten das gleiche Schicksal – sie wurden lebendig verbrannt!

Pferde

Ein weißes Pferd im Traum ist ein Unglücksbringer – früher glaubte man, dass es den Tod vorhersagen könnte. Aber ein weißes Pferd, das von Liebenden gesehen wird, ist ein Glückszeichen für die Beziehung. Ein schwarzes Pferd ist auch ein Glückszeichen. Ein geschecktes Pferd ist ein besonders gutes Omen.

Katzen

Eine Katze, die Ihnen folgt, bringt Glück. Eine Katze, die ihr Gesicht wäscht, bedeutet Regen. Eine schwarze Katze gilt im Vereinigten Königreich als Glücksbringer, aber in einigen Teilen der USA und Europas wird sie als schlechtes Omen angesehen. Eine Katze, die Ihren Weg kreuzt, bringt Glück, aber nur, wenn sie von rechts nach links läuft.

Hunde

Das Erscheinen eines kleinen Hundes ist ein Glücksbringer, während das Erscheinen von drei weißen Hunden auf extremen Reichtum hinweist. Ein streunender Hund, der Ihnen nach Hause folgt, bringt Glück – vor allem, wenn Sie den Hund bei sich aufnehmen!

Vögel

Der Kuckuck gilt als Bote des Frühlings und des neuen Lebens. Er zeigt durch seinen Ruf an, was die Zukunft für Sie bereithält. Wenn Sie ihn im Frühling zum ersten Mal von rechts hören, ist das ein gutes Omen; wenn sein erster Ruf von links kommt, gibt es Probleme.

Tierische Eingeweide und Organe

Wahrsagerei anhand der Eingeweide von Tieren wurde von den Assyrern, Babyloniern, Römern, Azteken und Afrikanern praktiziert, hauptsächlich von Tieren, die den Göttern geopfert wurden.

Untersuchung der Leber
Die Weissagung anhand der Leber war in der Antike hoch angesehen, da sie von vielen als Sitz des Lebens angesehen wurde. Alle Adern, Zeichen und Flecken in der Leber hatten eine besondere Bedeutung. Die Leber wurde in 55 Zonen eingeteilt, die jeweils einem bestimmten Gott zugeordnet waren. Ein in Babylon gefundenes Tonmodell aus der Zeit zwischen dem 19. und 16. Jahrhundert v. Chr. könnte für den Unterricht verwendet worden sein.

Verschiedene Quellen für Omen

Omen finden sich nicht nur in der natürlichen Welt, sondern auch in Haus und Garten. Auch der Körper gibt uns Hinweise auf das, was kommen wird.

Omen im Haus
Das Zuhause bringt seine eigenen Omen hervor. Ein zerbrochener Spiegel signalisiert sieben Jahre Unglück. Veränderungen im Rhythmus einer Uhr in der Wohnung sind ominös; früher glaubte man, dass dies sogar den Tod bedeuten könnte. Eine auf den Boden gefallene Schere ist ein Zeichen für Enttäuschung, eine an einem Haken hängende Schere hingegen für Glück. Gekreuzte Messer auf dem Tisch sind ein Unglücksbringer, während Messer, die bei einer Hochzeit verschenkt werden, Glück bringen, wenn sie von einer Münze begleitet werden.

Omen im Garten
Bienen sind traditionell Boten des guten Willens aus dem Schoß der Götter. Wenn sich ein Schwarm in Ihrem Garten niederlässt, ist Wohlstand vorprogrammiert.

Eine Spinne bei sich zu finden, gilt als Glücksbringer. Eine kleine rote Spinne deutet auf Geld hin. Eine Spinne, die ein Netz spinnt, zeigt an, dass Pläne für die Zukunft gemacht werden, die gut oder schlecht sein können. Wenn man eine Spinne tötet, wendet sich der Lauf des Lebens zum Schlechten.

Neun Erbsen in einer Schote verkünden Glück. Ein vierblättriges Kleeblatt ist ein altes Glückszeichen, und ein Wurm in einem Apfel prophezeit einen Eindringling in Ihr Glück.

Körperomen
Juckreiz und Kribbeln am Körper sind glückliche oder unglückliche Omen, je nachdem, ob sie sich auf der rechten oder linken Seite befinden: Die rechte Seite ist ein Glücksfall, die linke Seite besorgniserregend. Juckreiz an den Fußsohlen bedeutet, dass eine Auslandsreise bevorsteht.

Stolpern bedeutet, dass die Aussichten für anstehende Projekte oder für die Zukunft im Allgemeinen ungünstig sind.

Kapitel 3

Wahrsagen mit Objekten

Wenn Sie beim Wahrsagen vorzugsweise mit einem bestimmten Gegenstand arbeiten, spricht alles im äußeren Universum zu Ihnen, wenn Ihre persönliche Kraft aktiviert ist. Der heiligste aller Gegenstände war in der Antike der Kelch, der als „Kelch des Heils" bekannt war, weil man sagte, er bringe immer wieder Fülle.

Alle Objekte sind Materie, die verfestigte Essenz ist. Das macht sie zu großartigen Leitern für die „Einstimmung". Alles strahlt Energie aus, seien es Gedanken, Gefühle oder Handlungen. Das Meer und die Luft, Menschen und Tiere können gelesen und als Referenz für die Wahrsagerei verwendet werden. Aber auch sogenannte unbelebte Gegenstände strahlen Informationen aus, wenn man sensibel genug ist, die Botschaften ihrer Signale aufzufangen. Alles auf der Erde hat seine eigene spezielle Schwingung und kann als solche vom Leser wahrgenommen werden, um Zugang zum Göttlichen zu erhalten.

Der Gegenstand, der beim Lesen verwendet wird, wird Induktor genannt. Mit ihm können Sie übersinnliche Hinweise empfangen, die als Objektlesen bezeichnet werden. Die spezifische Bezeichnung für die Fähigkeit des begabten Menschen, Objekte zu lesen, ist Paragnose. Durch die bloße Berührung einer Tasse oder eines Schals, die dem Klienten gehören, kann ein Hellseher erstaunliche Details aufspüren, die das Objekt in irgendeiner Weise miterlebt und aufgezeichnet hat.

Wie stark die Botschaften sind, die sich durch Gegenstände manifestieren, zeigt sich daran, dass Gegenstände manchmal verschwinden und wieder auftauchen, sich an unwahrscheinliche Orte begeben, um später an derselben Stelle wieder aufzutauchen.

Kristallomantie

Wahrsagen mit einer Kristallkugel

Wahrsagen bedeutet „in die Zukunft sehen", indem man in eine reflektierende Oberfläche – ob Wasser, Spiegel oder Kristall – blickt, um eine Vision der Dinge zu erhalten, die noch kommen werden. Das Wahrsagen wird seit Jahrhunderten überall auf der Welt praktiziert.

Nahezu jede Kultur hat sich irgendwann einmal verschiedener Formen des Wahrsagens bedient. Michel de Nostredame oder Nostradamus (1503–1566), der unter anderem den Großen Brand von London im Jahr 1666, die Französische Revolution und die Atombombe prophezeite, ist vielleicht der berühmteste Wahrsager aller Zeiten.

Visionen heraufbeschwören

Suchen Sie sich einen ruhigen, unaufgeräumten Raum und achten Sie darauf, dass er makellos sauber ist – Staub behindert übersinnliche Phänomene. Ziehen Sie die Vorhänge zu, und lassen Sie nur schwaches Kerzenlicht herein. Am besten ist es, wenn nicht mehr als eine Person an einer Sitzung teilnimmt, und diese sollte Ihnen, dem Wahrsager, gegenüber sitzen.

Die Anschaffung einer hochwertigen Kristallkugel ist unerlässlich, wenn Sie sich ernsthaft mit den „Geheimnissen der Wolken" beschäftigen wollen, auf denen das Wahrsagen beruht. Um die Kugel vorzubereiten, reinigen Sie sie mit etwas weißem Essig und lauwarmem Wasser und polieren Sie sie anschließend mit Fensterleder trocken.

Die Energien bündeln

Legen Sie die Kugel auf ihren Ständer, beruhigen Sie Ihren Geist und schauen Sie tief in das Glas. Schon bald werden undeutliche Bilder erscheinen, die an wirbelnde Wolken erinnern, meist in einem milchig-weißen Farbton. Es ist selten, dass man sofort ganze Szenen oder Bilder sieht – nur begabte Hellseher können das –, aber oft reicht ein nebliger Eindruck aus, um Sie zu führen.

Je mehr Sie sich auf das Hellsehen einlassen, desto mehr nehmen die Wolken und Bilder sowohl Farben als auch Formen an. Jede Farbe lässt eine andere Interpretation zu (siehe Seite 74). Mit etwas Übung werden Sie anfangen, gut definierte Bilder in den Wolken zu erkennen. Diese sind es, die Ihnen die genauesten Ergebnisse liefern.

Farbe der Wolken

Weiße Wolken deuten auf Frieden und Zufriedenheit hin, während schwarze vor bestimmten Problemen warnen. Rote oder gelbe Formen ermutigen zum Handeln – die Vorzeichen sind gut. Blau oder Indigo sind die Farben der Weisheit und der Selbstentfaltung, während Grün für Sicherheit in Liebes- und Finanzangelegenheiten steht.

Interpretation der Wolkenfarben

Berücksichtigen Sie auch andere Farben, die neben den traditionellen schwarzen und weißen Wolken auftreten können.

Schwarze und weiße Wolken

Schwarz und Weiß sind in der Regel die ersten Farben, die man sieht: Weiß steht für Frieden und Zufriedenheit, Schwarz für mögliche Probleme. Erlauben Sie dem Nebel, sich zu verwandeln und Gestalt anzunehmen, um Formen, Symbole oder sogar Bilder zu enthüllen.

Grüne Wolken

Geld sollte kein Problem sein. Achten Sie auf Ihre Beziehungen und fördern Sie die Liebe. Es ist eine günstige Zeit für das Zuhause.

Rote, orange und gelbe Wolken

Es wird viel Energie benötigt, wenn die Bemühungen Früchte tragen sollen. Überlegen Sie, bevor Sie sich in etwas stürzen. Das Leben sollte in Bewegung sein - nicht statisch. Die Gesundheit ist günstig.

Blaue, indigoblaue und violette Wolken

Diese Farben zeigen an, dass es an der Zeit ist, Ihr Leben neu zu überdenken und positiv zu gestalten. Bei sorgfältiger Planung können Sie alles erreichen, was Sie sich wünschen, aber seien Sie vorsichtig, damit Sie nicht im Trott stecken bleiben.

Interpretation bewegter Wolken

Wenn die Wolken in Ihrer Kristallkugel wirbeln und sich bewegen, gibt die Richtung dieser übersinnlichen Nebel spezifische Antworten auf „Ja"- und „Nein"-Fragen. Wenn sie farbig dargestellt werden, geben diese stillen Bilder der Wahrsagerin zusätzliche Informationen.

Wolkenrichtung	Schwarz und Weiß	Grün	Rot, Orange und Gelb	Blau, Indigoblau und Violett
Aufsteigend	„Ja" auf alle Fragen.	Das Leben ist gut, eine Phase der Stabilität.	Hohe, positive Aktivität.	Nötiges Wissen und Erfahrung sind jetzt vorhanden. Streben Sie die Selbstständigkeit an.
Absteigend	„Nein" auf alle Fragen.	Das Geld geht schneller raus, als es reinkommt.	Kann zeigen, dass Sie unvorsichtig und leichtsinnig sind, was zu einem bösen Sturz führen kann. Der Abschluss eines Projekts ist näher, als Sie denken.	Verlust von Chancen und Enttäuschung hier. Kann an Größenwahn leiden.
Nach links	Positive Energie im Begriff, sich zu entfernen.	Das Geld geht zur Neige. Andere sind neidisch auf Sie.	Es ist zu spät. Gelegenheiten sind verpasst worden. Rechnen Sie mit Absagen.	Es ist definitiv nicht der richtige Zeitpunkt, um eine Beförderung zu bitten.
Nach rechts	Ein gutes Omen, Unterstützung ist vorhanden.	Eine angenehme Zeit.	Ergebnisse kommen schnell.	Ein guter Zeitpunkt, um sich einzusetzen und anerkannt zu werden.

Pendel

Verstärkung der verborgenen Kräfte

Die Verwendung des Pendels ist ein Ableger des Wünschelrutengehens, bei dem der Wünschelrutengänger einen gespaltenen Zweig mit beiden Händen vor sich hält. Eine geheimnisvolle Kraft zieht das dritte Ende nach unten, wenn die Rute über den Boden Land bewegt wird, was auf Wasser, Mineralien oder vergrabene Schätze in der Erde deutet.

Die Praxis der Wünschelrute wurde auf Innenräume übertragen und wurde als „Pendelkraft“ bekannt, bei der eine ähnliche unsichtbare Kraft wirkt und das Pendel als Verstärker fungiert. Die Wünschelrute sollte den Besenstiel der Hexe darstellen. Die ersten Pendel waren aus Holz, weil sie mit der Wünschelrute in Verbindung gebracht wurden.

Pendel damals und heute

Die ersten hölzernen Pendel wurden in Form einer Träne aus der Iriswurzel geschnitzt, die wegen ihrer starken Verbindung zu den Erdgeistern verwendet wurde. Es wurde an einer feinen Kette oder Schnur aufgehängt, sodass es nach Belieben schwingen konnte. Auch Hasel und Esche galten als magische Hölzer.

Moderne Pendel können aus Holz, Kristall, Silber oder Gold gefertigt sein. Jeder Gegenstand, der an das Ende einer 30 cm langen Kette passt, ist geeignet – selbst ein Knopf am Ende eines Baumwollfadens reicht aus.

Pendelfarben

Ein farbiges Pendel ist wirkungsvoller als ein schwarzes oder weißes, wobei bestimmte Farben bestimmten Lebensbereichen zugeordnet werden können. Wenn sich Ihre Frage zum Beispiel auf Reisen, Kinder oder Ihr Sexualleben bezieht, verwenden Sie ein rotes Pendel. Die Farbenergie des Pendels wird die unsichtbaren Kräfte lenken.

Rot
Reisen; Sexualleben; Kinder; Mutterschaft; Wachstum.

Orange
Arbeit; Scheidung; Karrierechancen; soziale Kontakte.

Gelb
Medien; intellektuelle Errungenschaften; Prüfungen.

Green
Romantik; Ehe; Geld; Finanzen; Gesundheit.

Blue
Der Heiler; literarische Möglichkeiten; Fragen der Diskretion.

Indigo
Hausumzüge; übersinnliches Potenzial.

Violett
Führungsqualitäten; künstlerische Möglichkeiten; Selbstständigkeit.

Pendeltechnik

Das Pendel ist nützlich für die Vorhersage zukünftiger Ereignisse oder die Beantwortung dringender Fragen. Nutzen Sie diese Methode, um Ihre übersinnliche Wahrnehmung, die der unbewusste Akt unterschwelliger Phänomene ist, zu nutzen.

1. Besorgen Sie sich ein Pendel Ihrer Wahl und stellen Sie sicher, dass es an einem Stück Schnur, Baumwolle oder Kette aufgehängt ist.

2. Halten Sie das Ende der Kette zwischen dem ersten Finger und dem Daumen einer Hand.

3. Legen Sie das Pendel über die ausgestreckte Handfläche der anderen Hand, etwa 5 cm oberhalb der Handfläche.

4. Wenn das Pendel ruhig steht, sprechen Sie in Gedanken zu den Geistern, indem Sie sagen: „Wenn es euch gefällt, mir zu antworten ..." Stellen Sie dann Ihre Frage. Achten Sie darauf, dass die Frage mit „Ja" oder „Nein" beantwortet werden kann. Stellen Sie immer nur eine Frage, um Verwirrung zu vermeiden.

5. Warten Sie ab, ob das Pendel im Kreis nach rechts schwingt, was „Ja" bedeutet, oder nach links, was „Nein" bedeutet. Wenn das Pendel vorwärts und rückwärts schwingt, bedeutet das, dass keine Antwort gegeben wird – es weiß es nicht – oder dass es zum jetzigen Zeitpunkt nicht möglich ist, eine Antwort zu geben.

Bedanken Sie sich

Wenn Sie den Geistern durch das Pendel aufrichtig Fragen stellen, werden Sie eine Antwort finden. Man sollte dem Geist des Universums immer für alles danken, was er einem offenbart – wenn man diese Gefälligkeit nicht erweist, schwächt man die Verbindung, sodass die Verbindung beim nächsten Mal schwächer sein wird.

Ein Pendel verwenden
Halten Sie das Pendel am Ende der Kette, damit es ungehindert voll schwingen kann.

Farbwahrsagung

Farbrad des Schicksals

Eine gute Möglichkeit, Zugang zu Ihrer Intuition zu bekommen, ist die Verwendung eines Pendels in Verbindung mit dem Farbrad des Schicksals. In der Antike wurde Farbe als Hilfsmittel für die Weissagung genutzt. Man wusste, dass die intuitive Fähigkeit eines Menschen durch die Verwendung von Farben gesteigert wird, indem man sich ihre Schwingungen zunutze macht: indem man sie denkt, sieht oder visualisiert.

Die energetische Kraft des Regenbogens ist Teil unseres übersinnlichen Potenzials. Jede Farbe schwingt in ihrem eigenen Rhythmus, eine Schwingung, die Ihre Wahrsagerfähigkeiten wecken kann. Die Farbe zeigt Ihnen den nächsten Schritt an, den Sie tun müssen; sie wird zu einem Leitfaden, zu einem Wegweiser für Ihre Bemühungen.

Farbrad-Technik

Sie benötigen ein Pendel aus klarem Kristall an einem Faden oder einer Kette. Der brillante, reine Kristall wirkt wie eine Berührung des kosmischen Lichts der Sonne. Er enthält alle Farben des Spektrums und ermöglicht eine reine Suche, während er innerlich mitschwingt und alles vor ihm in der Transparenz des kosmischen Lichts offenlegt.

1. Legen Sie Ihr Pendel in die Mitte des gegenüberliegenden Farbkreises. Überlegen Sie, was Sie wissen möchten, und stellen Sie langsam Ihre Frage.

2. Lassen Sie das Pendel hin und her schwingen, bis es sich auf nur einem Farbsegment niederlässt.

3. Bringen Sie nun Ihre Wahrsagerfähigkeiten ein, um Ihren Farbschlüssel zu interpretieren, indem Sie den nebenstehenden Interpretationsleitfaden verwenden. Finden Sie heraus, welchen Aspekt Ihres Lebens Ihnen die Farbe gezeigt hat.

4. Zu jeder Farbe gibt es mehrere Begriffe. Meditieren Sie nacheinander mit jedem der Begriffe, um zu sehen, auf welchen Sie sich konzentrieren müssen. Wenn Sie mit Ihren intuitiven Kräften arbeiten, werden Sie mit jedem Begriff ein Gefühl dafür bekommen, ob es „Ja" oder „Nein" ist.

5. Um mehr Klarheit in den gezeigten Bereichen zu finden, stellen Sie weitere Fragen, wobei jede weitere Frage eine genauere Definition der Antwort ergibt. Jede weitere Frage kann Sie zu einer anderen Farbe führen, sodass Sie mit den Interpretationen der neuen Farbe oder Farben arbeiten müssen.

Farbrad

Interpretationsleitfaden

Violett
Beschützer; Selbstständiger; Wahrnehmung; Lehrer.
Physisch Gehirn.

Indigoblau
Enträtselt das Unbekannte; Struktur; Vorbereitung.
Physisch Skelett; Knochen.

Rot
Liebe; sexuelles Energieniveau; körperliche Ausdauer; Expansion.
Physisch Blutkreislauf.

Orange
Trennungen; Veränderungen; Chancen; sanfte Stimulation.
Physisch Nieren.

Gelb
Wachsamkeit; Flexibilität; Karriere; Medien; Beredsamkeit.
Physisch Magen.

Grün
Harmonie; Wohlstand; Wohltäter; Zuverlässigkeit; Beziehungen.
Physisch Herz.

Bau
Gelassenheit; Wahrheit; Integrität; Frieden mit einem Ziel.
Physisch Kehle.

Psychometrie

Wahrsagen durch den Tastsinn

Die Psychometrie ist eine der am leichtesten zu erwerbenden übersinnlichen Fähigkeiten zum Wahrsagen. Es handelt sich um eine Technik, mit der man durch Berührung vergangene, gegenwärtige und zukünftige Ereignisse aus gewöhnlichen Gegenständen wie Kleidung und Schmuck liest. Sie erfordert Zeit, Geduld und Einfühlungsvermögen, kann aber sehr lohnend sein.

Für die Psychometrie braucht man nichts weiter als einen Gegenstand, der der Person gehört, die die Erleuchtung sucht. Es muss sich um einen intimen Gegenstand handeln, der getragen oder benutzt wurde, sodass von ihm Schwingungen und Eindrücke aufgenommen werden können, die es dem Leser ermöglichen, sich auf die übersinnliche Welt einzustimmen.

Voraussetzungen

Um Informationen zu erhalten, müssen bestimmte Voraussetzungen erfüllt sein: ein Objekt, Zeit, Geduld und die Fähigkeit, sich auf die eigene intuitive, hellsichtige Fähigkeit einzustellen. Man muss so lange über das Objekt meditieren, bis man die vergangenen, gegenwärtigen oder zukünftigen Ereignisse über den Besitzer erfährt. Um Zugang zu Informationen zu erhalten, können Sie einen Gegenstand einfach mit den Fingerspitzen abtasten, um zu erkennen, ob er in der Vergangenheit mit Wissen und Erfahrung in Berührung gekommen ist.

Wenn Sie sich in dieser einfachen Kunst üben, werden Sie irgendwann nichts mehr berühren müssen: Ein Fortgeschrittener wird in der Lage sein, Eindrücke nur mit einem Blick oder sogar mit einem kurzen Händedruck zu empfangen. Diese Methode kann auch beim Besuch eines historischen Hauses oder sogar des Hauses eines Freundes angewendet werden. Wir alle tun dies ohnehin unbewusst: Man nennt es die „Atmosphäre" eines Ortes.

Psychometrische Technik

Es ist ratsam, nicht mit dem Besitzer des Gegenstandes zu sprechen oder ihn anzusehen, wenn der Gegenstand dem Leser übergeben wird.

1. Legen Sie das Objekt in die Handfläche einer Hand und umschließen Sie es mit der anderen Hand. Schließen Sie die Augen und meditieren Sie einige Minuten lang über den Inhalt.

2. Öffnen Sie die Augen und drehen Sie den Gegenstand sanft zwischen den Fingern und dem Daumen der linken Hand – die linke Hand gilt als diejenige, die mehr Verbindung zur übersinnlichen Welt hat.

3. Achten Sie auf die ersten Eindrücke, die Sie erhalten. Fühlt es sich heiß oder kalt, traurig oder freudig an oder sicher, oder gibt es vielleicht einen Hauch von Versagen? Folgen Sie Ihrer Intuition, auch wenn sie scheinbar irrelevant ist.

4. Geben Sie dem Sitzenden alle gesammelten Informationen, und Sie werden feststellen, dass diese kleinen Einblicke und Eindrücke mehr bedeuten, als Sie vielleicht denken. Wenn Sie extreme Negativität wahrnehmen, ist es am besten, nichts zu sagen, da Sie möglicherweise die Reaktionen des Vorbesitzers aufgreifen. Seien Sie sich immer völlig im Klaren darüber, was Sie erleben, bevor Sie irgendwelche Warnungen aussprechen.

5. Üben Sie und Sie werden feststellen, dass Ihre Wahrsagefähigkeiten zunehmen und sowohl Spaß machen als auch äußerst nützlich sein werden.

Kapitel 4

Offenbarungen des Zufalls

Es kann der Zeitpunkt kommen, an dem der Leser seinen Wahrsagehorizont erweitern und in tiefere Ebenen der Intuition und des Hellsehens vordringen möchte. Die Techniken dieses Abschnitts bieten diese Möglichkeit. Dieser Teil berührt den grundlegendsten und ältesten Teil von uns, der bis zu den Anfängen des Wahrsagens selbst zurückreicht.

Das Werfen von Losen, Erde, Runen – eigentlich von allem, was die Hand verlässt und herunterfällt oder in eine Position gebracht wird, in der es gelesen werden kann – hat schon immer eine wichtige Rolle bei der Vorhersage des menschlichen Schicksals gespielt. Das Verstreuen in alle Winde wurde von allen Kulturen seit den frühesten Zivilisationen praktiziert. Was auch immer zur Hand war, erhielt die Freiheit des Windes und nahm die gleichen göttlichen Kräfte auf, die auch die Luft selbst durchdringen.

Einige der frühesten Aufzeichnungen beziehen sich auf Botschaften aus den Knochen. Die Knochen, das Gerüst des Körpers und der Teil, der am längsten hält, galten als die Wurzel des Lebens und wurden zu einem natürlichen Werkzeug der Wahrsagung und Wahrsagerei. Die nachfolgenden Methoden und Techniken, vom Werfen der Knochen bis hin zu ausgefeilteren Methoden wie dem *Yijing*, wurden alle davon abgeleitet, das „Schicksal in den Wind zu werfen".

In Afrika waren Buschmänner und Medizinmänner Personen, denen eine erhöhte Wahrnehmungsfähigkeit zugeschrieben wurde, wodurch sie zu sozialen Berater ihres Stammes wurden. Der Bula-Brauch – das Werfen von Knochen – war das Mittel, um die Geister über wichtige Stammesangelegenheiten zu befragen. Man glaubte, dass die Muster, die sich beim Werfen der Knochen bildeten, die Zukunft verrieten. In ähnlicher Weise glaubte man in einigen Kulturen an die „Gelassenheit der Steine", d. h. an speziell gekennzeichnete Steine und Kiesel, die für die gleichen Zwecke wie die Knochen geworfen wurden und alle ihren Ursprung im „Knochenwerfen" hatten.

Geomantie

Die Bedeutung des Bodens

Die Weissagung durch den Boden ist als Geomantie bekannt. Die divinatorische Bedeutung wird aus Mustern und Symbolen gezogen, die sich durch zufällige Streuung bilden, um eine Verbindung zu den Geistern der Erde, des Sandes oder des Staubs herzustellen. Hier betrachten wir das aktive und passive Sandlesen.

Die Wahrsagerei durch Sandlesen ist so alt wie die Sandhügel. Krabben und Insekten wie Käfer durften frei über den aufgeworfenen Sand wandern und ihre Fußabdrücke und Markierungen hinterlassen, die befragt werden konnten und heilige Botschaften der Götter enthüllten.

Es gibt zwei Methoden des Sandlesens, die verwendet werden können, um zukünftige Erkenntnisse zu gewinnen.

Passives Sandlesen

Diese Methode ist für persönliche Botschaften gedacht. Sie benötigen feinen, trockenen Sand, den Sie auf einer glatten, ebenen Fläche, z. B. einem Küchentisch, ausbreiten. Halten Sie einen Zweig – so lang wie ein Kugelschreiber – in der Hand.

1. Schließen Sie Ihre Augen und atmen Sie ein paar Mal tief ein, um sich auf den offenen Raum zu konzentrieren. Erlauben Sie den Gedanken und Gefühlen aus diesem Raum, durch Ihren Kopf und Ihren Arm hinunter auf den Zweig zu wandern.

2. Den Zweig über den Sand gleiten lassen.

3. Wenn Sie spüren, dass der Zweig zum Stillstand gekommen ist, öffnen Sie Ihre Augen und lesen Sie die Zeichen aus Ihrer heiligen Schrift. Vielleicht haben sich Buchstaben gebildet. Ein „N“ könnte als „Nein“ gedeutet werden, ein „J“ könnte ein zukünftiges „Ja“ für Glück bedeuten. Um über die einzelnen Symbole hinauszugehen, versuchen Sie zu sehen, ob sich ein Bild gebildet hat, das Ihnen einen Blick in die Zukunft bietet.

Aktives Farbsandlesen

Diese Methode wird verwendet, wenn man für eine andere Person voraussagen will. Sie benötigen eine ebene, saubere Fläche und mehrere kleine Schalen mit Sand, der mit Pulverfarbe vermischt ist. Wenn die Person etwas über Beziehungen wissen möchte, mischen Sie den Sand mit roter Pulverfarbe. Verwenden Sie orangefarbenen Sand für körperliche Fitness und gelben für berufliche Perspektiven. Grüner Sand wird für Geldangelegenheiten verwendet, blauer enthüllt die Wahrheit in jeder Situation, und violetter Sand wird für die Selbstständigkeit und die Beurteilung der psychischen Fähigkeiten der Person verwendet.

1. Verwenden Sie die Sitzung als Prognose für ein Jahr. Die Person, die den Sand wirft, ist der Leser. Werfen Sie eine Handvoll farbigen Sand so, dass er sich über die Oberfläche des Tisches verstreut. Die Schwingungen der Farben im Sand werden Fragen zu Liebesaspekten beantworten.

2. Schauen Sie sich auch die Formen und Symbole an, die sich für die Vorhersage der Wahrsager gebildet haben.

Symboldeutungen

Es gibt fünf Hauptsymbole, die regelmäßig auftauchen. Diese stammen aus den alten alchemistischen Lehren.

Quadrat

Ein geschlossenes Quadrat bedeutet großen Schutz – das Positive wird das Negative überwinden. Wenn Ihr Quadrat an einer Ecke offen ist, sind Sie im Moment verwundbar.

Kreuz

Ein rechtwinkliges Kreuz deutet auf zukünftige Umwälzungen und Unterbrechungen hin.

Kette

Ketten können auf Unglück hinweisen. Jedes Glied der Kette steht für einen mehrmonatigen Kampf.

Gabelung

Eine Gabelung zeigt einen Scheideweg im Leben an. Wenn der rechte Zweig länger ist, führt er zu großem Glück.

Kreis

Ein Kreis bedeutet allgemeines Glück.

Runen

Aus „Knochen“ wahrsagen

Der nordischen Mythologie zufolge hing der große Gott Odin, der auf einem achtbeinigen Pferd in Begleitung eines Wolfs durch den Himmel ritt, neun Tage und Nächte lang ohne Nahrung und Wasser aufgespießt an seinem eigenen Speer am großen Weltenbaum, der als Yggdrasil bekannt ist. Er ertrug diese Tortur, um für sein Volk die Kenntnis der Runen zu erlangen.

Ab dem 2. Jahrhundert n. Chr. verwendeten die nordischen Runenmeister die Runen zur Vorhersage künftiger Ereignisse, zur Heilung, zur Steuerung des Wetters und zum Schutz. Sie konnten in Schwerter eingraviert werden, um die Fähigkeiten von Kriegern zu verbessern, und sie wurden auf Amuletten getragen, um Liebe, Wohlstand und Glück zu bringen.

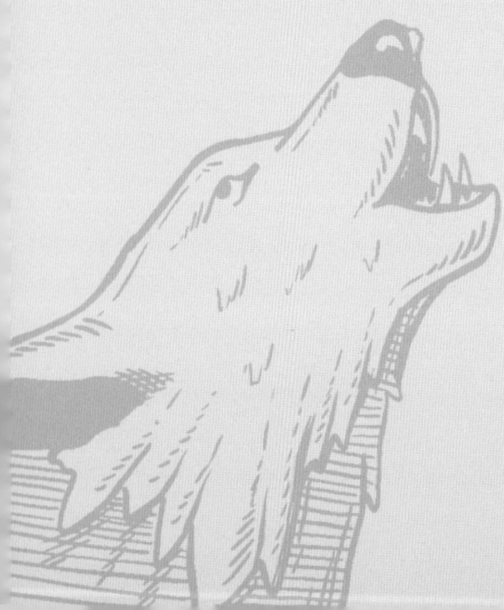

Die Verwendung der Runen

Die magischen Assoziationen der Runen wurden in den Jahren vor 1939 zu einem wichtigen Bestandteil des deutschen Glaubens, aber sowohl Historiker als auch Runenexperten lehnen diese Interpretationen ab. Runen können entweder in Sets gekauft oder selbst hergestellt werden. Sie können in kleine, rechteckige Holzstücke eingebrannt werden (wie es die nordischen Runenmeister taten) oder auf flache Steine, Metallstücke oder sogar auf kleine Rechtecke aus Pappe gemalt oder graviert werden. Sie werden nur auf einer Seite eingraviert – die andere bleibt unbedruckt. In der Antike wurden sie oft als „Knochen“ bezeichnet, was sie mit der noch älteren Praxis verbindet, die zu Beginn dieses Kapitels beschrieben wurde.

Runen werfen

Das Werfen der Runen bedeutete ursprünglich, dass sie auf den Ratsuchenden „geworfen“ wurden. Sie waren der physische Teil eines magischen Zaubers, eine Brücke zwischen dem Bewusstsein und dem Unterbewusstsein des Ratsuchenden.

Wurfmethoden

Es gibt heute verschiedene Methoden zum Werfen und Deuten der Runen. Die folgende Methode ist eine gängige Methode:

1. Es wird gesagt, dass eine Anrufung Odins vor dem Werfen der Runen nützlich ist, um das Eingreifen böser Geister zu verhindern! Sagen Sie zum Beispiel: „Oh großer Odin, führe meine Hand."

2. Denken Sie an eine bestimmte Frage und an die Zeitspanne, in der Sie die Einflüsse auf Ihre Frage sehen wollen. Das kann ein Tag sein, ein Monat, ein Jahr oder sogar die nächste Stunde!

3. Legen Sie die Runen mit der Vorderseite nach unten vor sich aus. Sollten welche mit der Vorderseite nach oben fallen, drehen Sie sie um und mischen Sie sie mit geschlossenen Augen wieder unter den Rest, damit Sie nicht erkennen, wo sie sind, wenn Sie die Augen öffnen.

4. Wählen Sie 13 aus und ordnen Sie sie in der gewählten Reihenfolge in einem Kreis an, wobei die letzte Rune in der Mitte platziert wird, wie in der Abbildung. Die Runen befinden sich in aufrechter Position, wenn ihre Spitzen die Mitte des Kreises zeigen.

5. Lesen Sie auf den Seiten 84–85 die Bedeutung nach.

Das Runenrad

Das Legesystem des Runenrads ist auch als Horoskopformation bekannt. Jede Position, von 1 bis 12, steht für einen Bereich im Leben des Fragenden (siehe „Die Häuser", Seite 55). Die 13. Rune steht für den Fragesteller. Diese 13. Rune steht für den Aspekt, der den Fragesteller in dem Zeitraum, für den der Wurf gemacht wird, am meisten beeinflussen wird.

Jede Rune bezieht sich auf die Rune auf der anderen Seite und zeigt die sich überschneidenden Einflüsse, die während des Zeitraums, für den der Wurf gemacht wird, wirksam sind. Wenn bösartige Einflüsse durch das Wirken einer *yfelrun*, einer „bösen" Rune, angezeigt werden, können die Folgen oft vermieden werden, indem man die Handlung, vor der die Rune warnt, nicht ausführt – die meisten dieser Runen sind eine Warnung, eine bestimmte Handlung nicht auszuführen.

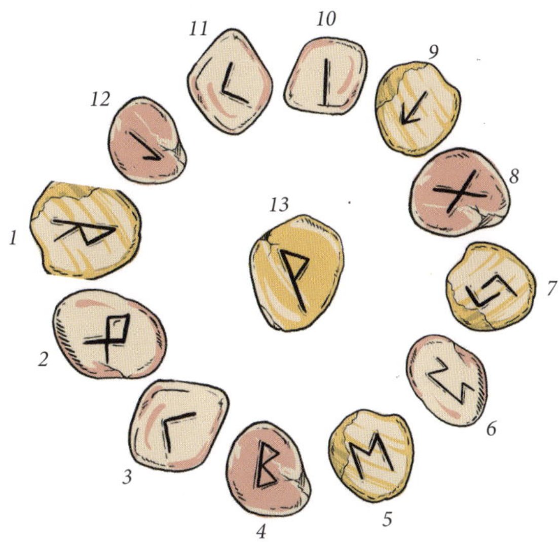

Runen und ihre Bedeutung

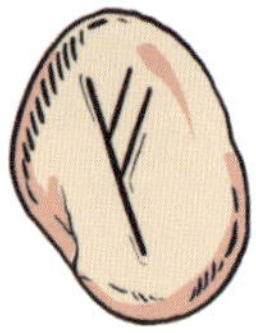

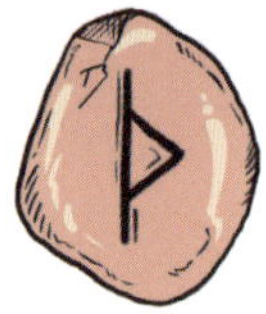
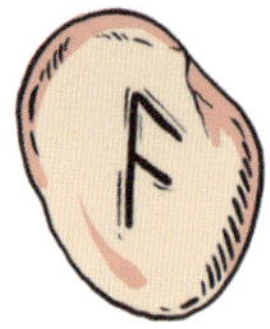

	Feoh	Ur	Thorn	As
Gerade	Reichtum; Liebe ist erfüllt.	Ausdauer; Beförderung im Beruf.	Verteidigung; Schutz; Vorsicht.	Gute Ratschläge von Älteren.
Quer	Verlust von Reichtum oder Liebe.	Verpasste Gelegenheiten.	Falsche Entscheidung; Übervorsicht.	Hüten Sie sich vor schlechten Ratschlägen.

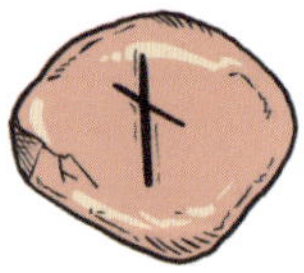
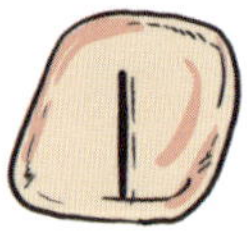

	Nyd	Is	Ger	Eoh
Gerade	Planen Sie sorgfältig; geduldig sein.	Ein Hindernis; Abkühlung; eine Situation ist eingefroren.	Beendigung und Erneuerung; Anstrengung wird belohnt.	Emotionale Schwierigkeiten; Wachstum und Veränderung.
Quer	Vermeiden Sie Veränderungen; verzögern Sie Entscheidungen.	Keine Kehrseite.	Keine Kehrseite.	Keine Kehrseite.

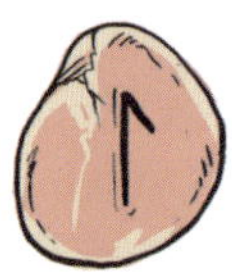
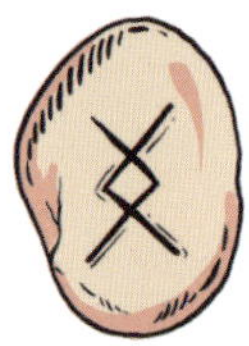

	Eow	Man	Lagu	Ing
Gerade	Reisen; ein Wechsel des Wohnorts oder der Arbeit.	Nächstenliebe; Altruismus; Menschlichkeit.	Intuition; Vorahnung.	Gute Nachrichten; ein Fremder tritt in Ihr Leben; Familie.
Quer	Feinde; unerwartete Reisen.	Isolation; Losgelöstheit.	Emotionaler Aufruhr; Paranoia.	Keine Kehrseite.

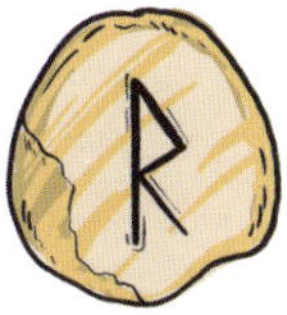

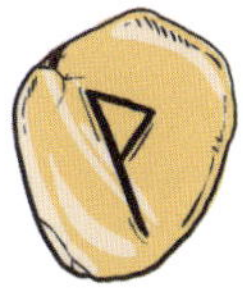

Rad	Ken	Gyfu	Wyn	Hagal
Reisen; Besuche; Ferien.	Viel Glück; Erfolg; eine neue Partnerschaft.	Ein Geschenk; eine Gelegenheit; eine Zeit für Liebe und Freundschaft.	Erfolg; Freude; Glück.	Plötzliche Veränderung; außerhalb Ihrer Kontrolle
Plötzliche Veränderungen; unerwartete Reisen.	Eine Freundschaft ist verloren.	Keine Kehrseite.	Veränderung bringt Unglück; Verzögerung; Selbstaufopferung.	Keine Kehrseite.

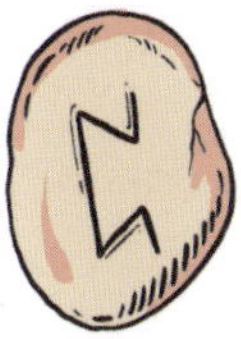
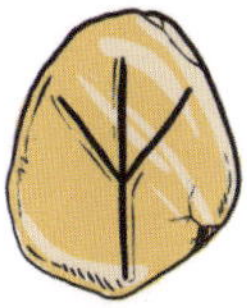

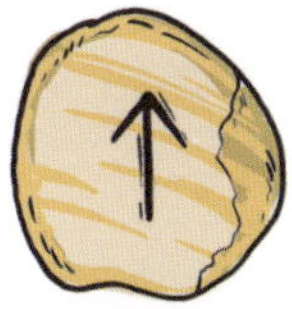

Peorth	Eolhs	Sygel	Tir	Beorc
Mysterium; das Unbekannte; verstärkte Intuition.	Neue Anfänge; Vertrauen; Schutz.	Lebenskraft; Vitalität; Ganzheitlichkeit; Glück.	Eine Liebesaffäre; Leidenschaft; Sieg.	Familie; Ehe; Kinder.
Geheimnisse enthüllt; Verrat.	Vermeiden Sie skrupellose Menschen.	Keine Kehrseite.	Freunde enttäuschen.	Schlechte Gesundheit; Scheidung; Streit zu Hause.

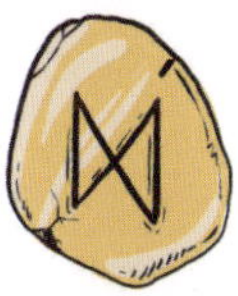
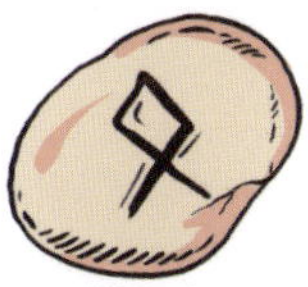

Daeg	Ethel
Klarheit; Erfolg; Reichtum; Verbesserung.	Vermächtnisse; Testamente; Erbschaft.
Keine Kehrseite.	Ungeduld verursacht Unfälle.

Wyrd

Die blanke Rune steht für Karma oder Schicksal. Sie zeigt an, dass etwas, das in dem Lebensbereich geschieht, in den sie fällt, eine gewisse Unvermeidlichkeit hat.

Das *Yijing*

Offenbarungen vom *Buch der Wandlungen*

Das *Yijing* ist eines der ältesten Orakel, das mindestens 4.000 Jahre alt ist. Es stammt aus der östlichen Philosophie, die davon ausgeht, dass alles, was in der Welt existiert, aus gegensätzlichen, aber komplementären Kräften besteht – dem Yin (dem weiblichen Prinzip: dunkel, geheimnisvoll, negativ) und dem Yang (dem männlichen Prinzip: aktiv, himmlisch, positiv).

Das Orakel des *Yijing* basiert auf dem Verständnis, dass alle Dinge miteinander verbunden sind und dass bei der Auslosung einer bestimmten Frage der Fall der Objekte in gewisser Weise die Kräfte widerspiegelt, die im Leben der Person wirken.

Das *Buch der Wandlungen* interpretieren

Im *Yijing*, korrekterweise *Buch der Wandlungen*, wird das Yin-Prinzip durch eine einzelne, ungebrochene Linie (_____) und das Yang durch eine unterbrochene Linie (__ __) dargestellt. Unterbrochene Linien gelten als nachgiebig, während ungebrochene Linien fest sind. Yin- und Yang-Linien und ihre Prinzipien werden in Dreiergruppen, den sogenannten Trigrammen, angeordnet. Es gibt acht Grundkombinationen von Yin- und Yang-Trigrammen, die alles darstellen, was im Himmel und auf der Erde geschieht. Die gebräuchlichsten Bedeutungen für jedes Trigramm sind hier aufgeführt.

Werfen des *Yijing*

Stellen Sie sich zunächst die Frage, auf die Sie eine Antwort suchen. Je spezifischer die Frage, desto klarer die Antwort. Um das *Yijing* zu deuten, werden zwei Gruppen von Trigrammen geworfen, entweder mit Stäbchen oder mit Münzen. Die Methode mit den Münzen wird hier beschrieben, weil sie mit gewöhnlichen Münzen durchgeführt werden kann.

1. Entscheiden Sie zunächst, ob Kopf oder Zahl Yin ist; die andere Seite ist Yang. Werfen Sie eine Münze dreimal in die Luft. Wenn zweimal Yang auftaucht, ist die Linie Yang; wenn zweimal Yin auftaucht, ist die Linie Yin. Sie haben nun die erste Zeile des ersten Trigramms. Schreiben Sie sie auf, während Sie sie werfen.

2. Schritt 1 zweimal wiederholen, um das erste Trigramm – das Obere Trigramm – zu vervollständigen.

3. Schritte 1–2 wiederholen, um das zweite Trigramm – das Untere Trigramm – zu vervollständigen.

4. Zwei Trigramme ergeben 64 Hexagramme. Benutzen Sie die Tabelle auf Seite 92 für die Nummer des Hexagramms; auf den Seiten 93–99 sind die Erklärungen.

5. Bei drei Yin- oder Yang-Münzen handelt es sich um eine „bewegliche" Linie, die einen Zustand der Fluktuation anzeigt: Die Yin-Linie wird zu einem Yang und umgekehrt. Wenn Sie eine bewegliche Linie erhalten, lesen Sie zuerst die Deutung für das Hexagramm mit seiner ursprünglichen Yin- oder Yang-Bedeutung, dann die Deutung für das, was es wird, wenn die Yins zu Yangs werden oder umgekehrt. Dies deutet mögliche Veränderungen an.

Würfe für das Obere Trigramm

Würfe für das Untere Trigramm

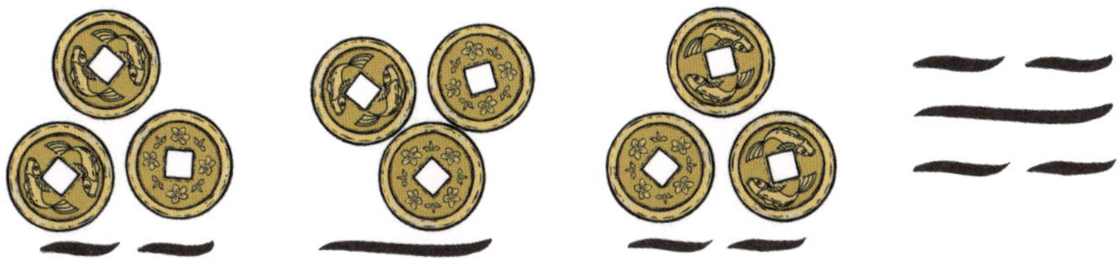

Ein Wurfbeispiel
In diesem Fall war „Kopf“ Yin. Das obere Trigramm ist Ch'ien und das untere Trigramm ist K'an. Die Zahl des Hexagramms ist 6.

Die acht Trigramme

Jedes Trigramm bildet nicht nur in Kombination die Hexagramme, sondern hat auch seine eigenen Assoziationen.

☰

Ch'ien
Das Himmelreich; Vater; Himmel; schöpferisch; stark; aktiv; fest; leicht; kalt.

☱

Tui
See; Sumpf; Regen; Herbst; jüngste Tochter; freudig; Vergnügen

☲

Li
Feuer; Blitz; Sonne; Sommer; mittlere Tochter; schön; anhänglich.

☳

Chen
Donner; Frühling; ältester Sohn; Aktivität; Bewegung; Erregung.

☴

Sun
Wind; Holz; älteste Tochter; sanft; durchdringend.

☵

K'an
Wasser; Wolke; eine Grube; Mond; Winter; mittlerer Sohn; gefährlich; einhüllend.

☶

Ken
Berg; Donner; jüngster Sohn; starrsinnig; abartig; unbeweglich.

☷

K'un
Erde; Wärme; Mutter; empfänglich; verantwortlich; passiv; nachgiebig; schwach; dunkel.

Hexagramm-Nummern

Oberes Trigramm → / Unteres Trigramm ↓	CH'IEN ☰	CHEN ☳	K'AN ☵	KEN ☶	K'UN ☷	SUN ☴	LI ☲	TUI ☱
CH'IEN ☰	1	34	5	26	11	9	14	43
CHEN ☳	25	51	3	27	24	42	21	17
K'AN ☵	6	40	29	4	7	59	64	47
KEN ☶	33	62	39	52	15	53	56	31
K'UN ☷	12	16	8	23	2	20	35	45
SUN ☴	44	32	48	18	46	57	50	28
LI ☲	13	55	63	22	36	37	30	49
TUI ☱	10	54	60	41	19	61	38	58

Hexagramm-Interpretationen

Finden Sie Ihre Hexagrammzahl in der Tabelle links und entdecken Sie die Deutung auf den nächsten Seiten. Wenn ein Monat in der Deutung erwähnt wird, gibt er an, wann ein Ereignis stattfinden kann.

1. Ch'ien: Kreativität
Erfolg durch Kreativität; Gefahr leicht überwinden; Mai.

2. K'un: Passivität
Erfolg nach Schwierigkeiten; Entschlossenheit ist nötig; November.

3. Chun: schwieriger Beginn
Schwierigkeiten gefolgt von Erfolg; nicht der richtige Zeitpunkt, um etwas Neues zu beginnen; Dezember.

4. Meng: Unreife
Viel Glück! Haben Sie Geduld; geben Sie Ratschläge nur, wenn Sie gefragt werden; Januar.

5. Hsu: Warten
Lehnen Sie sich zurück und lassen Sie die Zukunft ihren natürlichen Lauf nehmen; Februar.

6. Sung: Konflikt
Die Situation kann nicht erfolgreich gelöst werden – geben Sie auf; reisen Sie nicht; März.

7. Shih: die Armee
Der Kampf des Lebens – wenn man eine schwierige oder gefährliche Aufgabe bewältigt, gewinnt man Respekt; April.

8. Pi: Einigkeit
Zusammenarbeit bringt Fortschritt; konsultieren Sie das Orakel weiter; April.

9. Hsiao ch'u: der geringere Ernährer
Die Dinge laufen gut, aber es ist noch nicht an der Zeit, weitere Maßnahmen zu ergreifen; April..

10. Lu: Trittbrettfahrer
Gefährliche gegenwärtige Situation, seien Sie also vorsichtig; Sie werden wahrscheinlich Erfolg haben; Juni.

11. T'ai: Frieden
Gegenwärtige Schwierigkeiten können überwunden werden; aus Ihrer inneren Stärke schöpfen; Februar.

12. P'i: Stagnation
Verstopfung; Disharmonie und Schwäche; August.

13. T'ung jen: universelle Bruderschaft
Liebende; Freunde; die Situation so akzeptieren, wie sie ist; nicht die Zeit, um sich zu beschweren; Juli.

14. Tayu: großes Besitztum
Kulturelle Errungenschaft; fantastischer Erfolg; das Gute triumphiert über das Böse; Mai.

15. Ch'ien: Bescheidenheit
Nur Dinge, die zum allgemeinen Wohl beitragen, sind erfolgreich; Dezember.

16. Yu: Enthusiasmus
Machen Sie weiter, wenn Sie sicher sind, dass die gegenwärtige Handlung die richtige ist; März.

17. Sui: Befolgen
Akzeptieren Sie nur das, von dem Sie wissen, dass es richtig ist; hüten Sie sich vor Hintergedanken.

18. Ku: Verfall
Zerstörte Arbeit; das Ende ist nur ein neuer Anfang; März.

19. Lin: Annäherung
Großer Erfolg wird folgen, wenn die Dinge in Ordnung gebracht werden; Januar.

20. Kuan: Kontemplation
Entscheiden Sie, ob Sie auf dem richtigen Weg sind; schauen Sie sich Ihr Leben genau an; September.

21. Shih ho: Nagen
Erfolg in einem Gerichtsverfahren; Sie sind nicht schuld; Oktober.

22. Bi: Eleganz
Zufall; Glück; eine Zeit zum Beobachten und Lernen; August.

23. Po: Trennen
Beseitigen Sie Hindernisse; kein Ziel kann jetzt erfolgreich verfolgt werden; Oktober.

24. Fu: Rückkehr
Selbstdisziplin und Freundlichkeit gegenüber anderen sind notwendig; Freunde kommen an; Dezember.

25. Wu Wang: Das Unerwartete
Nur wer das Richtige tut, kann Erfolg erwarten; September.

26. Ta ch'u: der große Ernährer
Gut für Reisen; Erfolg nur, wenn man auf dem Richtigen beharrt; August.

27. I: Ernährung
Beständige Anstrengung bringt guten Erfolg; November.

28. Ta kuo: Übermaß
Ein festes Ziel vor Augen haben, um jede Schwäche in den Plänen zu ergänzen; Oktober.

29. K'an: der Abgrund
Große Gefahr. Den Geist fest im Griff behalten, um Illusionen und Ängste zu vermeiden; Zeitraum von November bis Januar.

30. Li: Feuer
Glück kann man erlangen, wenn man sich um die kümmert, die Hilfe brauchen. Den Geist klären; Zeitraum von Mai bis Juli.

31. Hsien: Einfluss
Es bringt Glück, sich einen Partner zu nehmen; Beharrlichkeit wird belohnt; Mai.

32. Heng: Dauer
Die Langlebigkeit; Erfolg durch Beharrlichkeit und Fehlerfreiheit; Juli.

33. Tun: Rückzug
Keine große Leistung jetzt; nur in kleinen Dingen beharren; auf Details achten; Juli.

34. Ta chuang: die Kraft des Großen
Nur die Starken und Ausdauernden üben Macht aus; raus aus dem bequemen Trott; März.

35. Chin: Fortschritt
Verdienste werden belohnt; nicht blindlings drängen; großzügig sein.

36. Ming i: Verdunkelung des Lichts
Standhaftigkeit im Angesicht von Schwierigkeiten; sein Licht für den Moment unter den Scheffel stellen; September.

37. Chia jen : die Familie
Das Familienglück über das persönliche Glück stellen.

38. K'uei: Widerstand
Lassen Sie sich nicht ermutigen, zu viel zu tun; freuen Sie sich an den kleinen Dingen; Dezember.

39. Chien: Mühe
Schwierigkeiten liegen vor Ihnen, aber nehmen Sie nicht den einfachen und unehrlichen Ausweg; November.

40. Hsieh: Loslassen
Wer von den gegenwärtigen Plänen nichts zu gewinnen hat, sollte sie aufgeben; wer viel zu gewinnen hat, sollte die Dinge beschleunigen.

41. Sun: Einschränkung
Zunächst Verluste, aber der Erfolg steht bevor; kein guter Zeitpunkt für Heirat oder Geschäfte; Juli.

42. I: Gewinn
Glück; vergangene Handlungen bringen jetzt Vorteile; Januar.

43. Kuai: Durchbruch
Übernehmen Sie schwierige Aufgaben nicht aus Eitelkeit; vertrauen Sie nur denjenigen, von denen Sie überzeugt sind; April.

44. Kou: Kontakt
Alle Arten von geschäftlichen und sozialen Kontakten, Begegnungen usw.; gegenwärtige Schwierigkeiten können durch Beharrlichkeit und Vorsicht überwunden werden; Juni.

45. Ts'ul: Zusammenkunft
Zusammenkommen, um Dinge zu klären; eine Art von Opfer bringen; März.

46. Sheng: Beförderung
Das Timing ist jetzt wichtig; gehen Sie die Dinge langsam an und unerwartetes Glück wird Ihnen helfen; Dezember.

47. K'un: Erschöpfung
Kein gutes Omen, denn alle Schwierigkeiten sind meist selbstgemacht; September.

48. Ching: ein Brunnen
Nur das tun, was praktisch ist; Mai.

49. Ko: Revolution
Bevor es einen Fortschritt gibt, müssen radikale Veränderungen vorgenommen werden.

50. Ting: Opferurne
Verpflichtungen und Pflichten sollten so gut wie möglich erfüllt werden; eine verpasste Gelegenheit könnte Ärger verursachen; Juni.

51. Chen: Donner
Mächtige positive Kräfte sind jetzt in Aktion; Oktober.

52. Ken: Stillhalten
Zeit zum Handeln und eine Zeit zum Ausruhen, um sicher zu sein, dass man das Richtige tut; Zeitraum von Februar bis April.

53. Chien: allmählicher Fortschritt
Konstante, aber allmähliche Bewegung ist das Beste; Erfüllung der Wünsche; Januar.

54. Kuei mel: die Heiratende
Gewöhnlich ein unglückliches Omen; jetzt voranzukommen wäre verhängnisvoll; September.

55. Feng: Überfluss
Kann auf zu viel des Guten hindeuten; die Gezeiten des Glücks oder Unglücks können sich schnell ändern; Juni.

56. Lu: der Reisende
Keine Reiseunterbrechung; kleine Angelegenheiten werden erfolgreich sein; April.

57. Sun: bereitwillige Unterwerfung
Erfolg für diejenigen, die sich anpassen; besuchen Sie einen großen oder klugen Mann; August.

58. Tui: Freude
Erfolg und Glück, aber folgen Sie dem Kurs, von dem Sie wissen, dass er richtig ist; Zeitraum von August bis Oktober.

59. Huan: Ausbreitung
Fernreisen sind günstig; verlassen Sie sich auf moralische und geistige Werte; Juni.

60. Chieh: Beschränkungen
Erkenne deine eigenen Schwächen; Juli.

61. Chung fu: innere Wahrheit
Der Weg, den Sie gehen, ist der einzig mögliche; haben Sie Mut, seien Sie beharrlich; November.

62. Hsiao kuo: das mächtige Kleine
Eine Zeit der kleinen Erfolge; unternehmen Sie jetzt nichts von großer Bedeutung; Januar.

63. Chi chi: nach Vollendung
Viel Glück am Anfang, aber Unordnung am Ende; Oktober.

64. Wei chi: vor Vollendung
Die gegenwärtige Situation hat noch mehr als die Hälfte des Weges vor sich; Pläne flexibel halten; November.

Tasseographie

Wahrsagen aus Teeblättern

Das Teeblatt-Ritual reicht im Westen nicht so lange zurück wie andere Weissagepraktiken. Es kam hier erst im 19. Jahrhundert auf, als Reisende aus China und Indien den Brauch des Teetrinkens zu uns brachten. Heute befriedigt es unser tiefes Bedürfnis, der Welt, in der wir leben, einen Sinn zu geben.

Aufgrund der intimen Situation, in der das Ritual oft durchgeführt wurde – am Küchentisch –, beziehen sich die Deutungen normalerweise auf Liebe, Familie, Heim und Beruf, also auf die Dinge, die uns in einer solchen Umgebung am meisten betreffen.

Die Tasse Tee vorbereiten

Für die klarsten Symbole sollten Sie Tee mit langen Stielen und großen Blättern verwenden – am besten eignet sich chinesischer Tee, da er die größten Blattmuster aufweist. Teebeutel müssen Sie davor öffnen. Nehmen Sie eine große Teetasse aus Porzellan, die Sie ausschließlich der Tasseographie widmen. Sie wird Ihr persönlicher Lieferant von Weisheit sein. Der Tee muss in einer Kanne aufgebrüht werden. Spülen Sie die Kanne mit kochendem Wasser aus und bringen Sie dann die Kanne zum Kessel – tragen Sie niemals den Kessel zur Kanne.

Das Ritual des Lesens

Sobald der Tee aufgegossen ist, lassen Sie den Fragenden die Flüssigkeit bis auf 12 mm an den Tassenboden heran trinken. Dies gewährleistet eine gleichmäßige Verteilung der Blätter, wenn die Tasse später umgedreht wird.

1. Nachdem der Fragende festgestellt hat, dass die richtige Menge Flüssigkeit übrig ist, sollte er die Tasse mit der linken Hand am Henkel anfassen und sie dreimal im Uhrzeigersinn schwenken, um sicherzustellen, dass die Flüssigkeit bis zum Tassenrand reicht und die Blätter im verbleibenden Tee in der Schwebe sind.

2. Der Fragende sollte die Tasse dann entweder in einer langsamen, bedächtigen Bewegung auf die Untertasse stürzen oder sehr schnell umdrehen. Lassen Sie die Tasse mindestens sieben Sekunden lang unberührt stehen, damit sich die Blätter absetzen.

3. Der Leser nimmt nun die Tasse in die Hand, dreht sie um und hält sie zwischen beiden Händen, um sich still auf die Schwingungen des Fragenden einzustimmen. Im Inneren der Tasse liegt die Geschichte der Zukunft.

4. Der Fragende hat nun seinen Teil des Prozesses erfüllt und überlässt dem Leser die Tasse, damit er die Geheimnisse der Blätter erahnen kann. Jetzt werden die Intuition und die Sensibilität des Lesers eingesetzt, um die Zukunft zu entschlüsseln. Siehe Seiten 94–95 für Interpretationen.

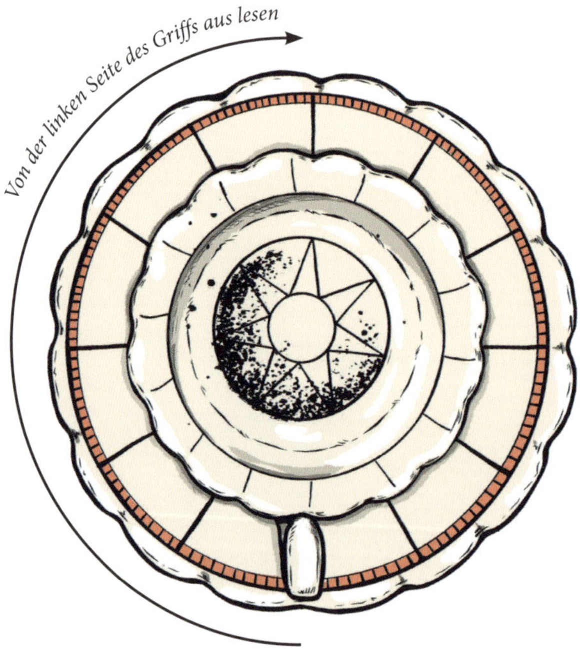

Interpretieren, was Sie sehen

Es ist wichtig, dass Sie den Prozess der Interpretation nicht überstürzen. Konzentrieren Sie sich voll und ganz darauf, sodass Ihre Einsicht aktiviert wird und die Bilder in Ihrem Kopf klar werden können.

Nachdem Sie die Symbole erkannt haben, beginnen Sie, die Tasse von der linken Seite des Henkels bis zur Mitte der gegenüberliegenden Seite zu lesen, und achten Sie dabei auf die Anordnung der Symbole. Die Tradition sagt, dass es das Glück, das die Tasse enthält, verdirbt, wenn man von rechts beginnt.

Einige Symbole werden Ihnen sofort ins Auge springen und sind leicht zu erkennen. Kümmern Sie sich zuerst um diese. Sie sind vielleicht die einzigen, die für eine umfassende Deutung notwendig sind. Erlauben Sie Ihrem Instinkt, die Form für Sie zu bilden – versuchen Sie es nicht zu sehr. Es kann sogar sein, dass Sie nur ein einziges Symbol erhalten.

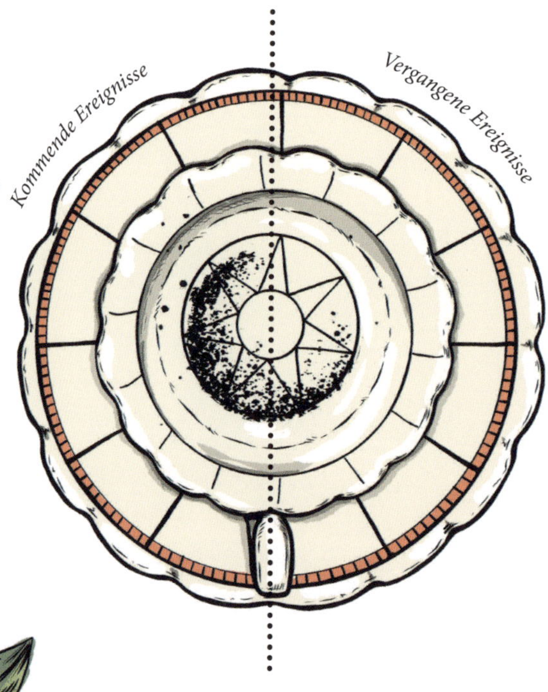

Positionen in der Tasse

Hält man den Henkel der Teetasse in Richtung des Lesers, so bedeuten die Ereignisse, die durch die Formen auf der linken Seite des Henkels dargestellt werden, herannahende Ereignisse und die Figuren auf der rechten Seite ablaufende Ereignisse. Je näher am Rand die Muster auftauchen, desto zeitnaher werden sie eintreten; am Boden der Tasse liegt die langfristige Vorhersage für die nächsten 18 Monate.

Beispielinterpretationen

Ein Flugzeug in der Nähe der Spitze der Tasse sagt eine Reise voraus, die in drei Monaten stattfindet. Ein glücklicher Ausgang.

Das Auge der Gelegenheit. Da die Tasse zur Hälfte leer ist, sollten Sie in den nächsten sechs Monaten auf glückliche Aussichten achten.

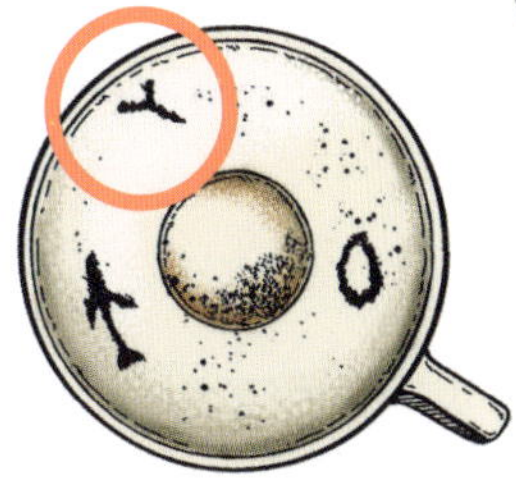

Eine gegabelte Linie in der Nähe des Tassenrandes deutet darauf hin, dass schnell eine Entscheidung getroffen werden muss.

Ein Schmetterling steht für Glück und glückliche Zeiten. In der Nähe der Spitze der Tasse deutet er auf eine aktuelle Glückssträhne hin.

Ein Zweig oder Ast steht für flüchtige neue Freundschaften und soziale Aktivitäten.

Die Wolken in der Mitte der Tasse deuten darauf hin, dass in den nächsten sechs Monaten Zweifel und mangelndes Vertrauen aufkommen werden, wenn ein Problem ungelöst bleibt.

Eine Uhr am Boden der Tasse weist darauf hin, dass man auf seine Gesundheit achten muss. Wenn man es übertreibt, kann das zu Krankheiten führen.

Ein Huhn steht für Ihre Fähigkeiten. Lassen Sie nicht zu, dass jemand Ihre Ideen stiehlt.

Ein Ringsymbol in der Nähe des Bodens zeigt an, dass eine Beziehung oder Freundschaft in den nächsten sechs Monaten enden könnte.

Sortilegium

Das Werfen von Losen

Das Wort Sortilegium – Wahrsagen durch das Werfen oder Ziehen von Losen – stammt vom lateinischen Wort *sors* ab, das Los bedeutet. Der Name Sortilegus bezieht sich auf die Person, die als Leser oder Wahrsager fungiert. Die Griechen hatten ihren eigenen Namen für diese Praxis: Kleromantie. Das Delphische Orakel der Prophezeiung pflegte Bohnen zu verstreuen, um zusätzliches Wissen zu erhalten. Orientalen, Afrikaner und Asiaten benutzten ebenfalls Gegenstände für die Auslosung.

In der Vergangenheit wurde praktisch jeder verfügbare Gegenstand zur Vorhersage der Zukunft verwendet. Klassische moderne Beispiele sind die Lotteriespiele, die in vielen Ländern der Welt gespielt werden: Die „Lose" sind die nummerierten Kugeln, die nach dem Zufallsprinzip fallen. Gewinnspiele, Roulette und Bingo können ebenfalls dazu gezählt werden, da sie dem Prinzip der Zufallsauswahl folgen.

Der Glückskeks

In chinesischen Restaurants wird am Ende des Essens immer noch ein Glückskeks gereicht, der Glück bringen soll. Dabei handelt es sich um eine einfache Version einer Methode, die früher praktiziert wurde, als man aus Papier und Teig ein Glücksbringergebäck herstellte. Wenn eine bestimmte Frage beantwortet werden musste, wurden alle möglichen Ergebnisse auf einzelne Zettel geschrieben. Man bereitete Kugeln aus süßem Teig vor, und in jede Kugel wurde eine Vertiefung eingearbeitet, in die eines der Papierstücke gelegt wurde. Die Kugel wird dann verschlossen, gebacken und anschließend in eine Schale gelegt. Nach dem Zufallsprinzip wird ein Keks ausgewählt und aufgeschlagen. Die Antwort auf die Frage wurde dann durch den darin befindlichen

Zettel verraten. Anstatt einen Keks anzubieten, können Sie Ihre möglichen Antworten auch auf Reispapierstücke schreiben. Stecken Sie diese in Wattebällchen, und das erste, das ausgewählt wird, gibt die Antwort. Das anschließende Essen des Reispapierzettels verleiht dem Glück innerlich eine größere Kraft.

Belomantie: Wahrsagen durch Pfeile

Eine alte Form der Wahrsagerei, die von den Babyloniern, den Arabern und den nordamerikanischen Indianerstämmen praktiziert wurde. Pfeile wurden verwendet, um in die Zukunft zu blicken, da sie die Luft durchdringen und ins Unbekannte vorstoßen. Jeder Pfeil wurde speziell markiert und entweder auf den Boden geworfen oder aus einem Behälter gezogen.

Die moderne Version der Belomantie ist das Ziehen von Strohhalmen, von denen einer kürzer ist als die anderen, was gewöhnlich Unglück bedeutet. Für eine „Ja“- oder „Nein“-Antwort legt man zwei unterschiedlich lange Strohhalme in ein Gefäß, das auf der Seite liegt, sodass die beiden sichtbaren Enden gleich lang erscheinen. Stellen Sie Ihre Frage und ziehen Sie dann einen Strohhalm heraus. Der lange Strohhalm bedeutet „Ja“, der kürzere „Nein“.

Bibliomantie: Zufälliges Öffnen eines Buches

Seit die Menschheit lesen kann, ist das geschriebene Wort eine große Quelle der Erleuchtung. So war es nur natürlich, dass auch Bücher als Hilfsmittel für die Wahrsagerei eingesetzt wurden. Das Wort Bibliomantie stammt von dem griechischen Wort *biblion*, was kleines Buch bedeutet.

Um Antworten auf Ihre Fragen zu finden, schließen Sie die Augen und schlagen Sie mit der Frage im Kopf eine beliebige Seite in einem Buch auf. Benutzen Sie den Zeigefinger Ihrer linken Hand und lassen Sie ihn als Zeiger auf einem Wort oder Satz ruhen. Dies wird ein gutes oder schlechtes Omen sein.

Astragalomantie: das Werfen von Knochen

Das Werfen von Knochen wird seit den Anfängen der Menschheit praktiziert. Knochen galten als Symbol für die enge Verbindung des Menschen mit sich selbst und der Natur. Die Knochen wurden oft wegen ihrer Heilkraft und Fruchtbarkeit geachtet und galten als Glücksbringer (siehe auch Würfel auf den Seiten 100–101).

Knochen werfen

Für diese Methode können Ochsenschwanzknochen verwendet werden.

1. Wählen Sie den größten Knochen aus, der Stärke und Glück verheißt.

2. Wählen Sie den längsten Knochen aus – er zeigt an, dass es eine Weile dauern wird, bis sich das Ergebnis einstellt.

3. Wählen Sie einen Knochen, der beschädigt ist. Dies zeigt, dass man vorsichtig sein muss, da nicht alles in Ordnung ist.

4. Der vierte Knochen ist der kleinste und zeigt an, dass das Ergebnis nicht viel Substanz haben wird – es ist kraftlos und schwach.

5. Halten Sie die Knochen in Ihrer rechten Hand, stellen Sie Ihre Frage und streuen Sie sie vor sich aus. Der Knochen, der Ihnen am nächsten liegt, gibt die Antwort.

Pessomantie: Wahrsagen durch das Werfen von Kieselsteinen

Die Vorhersage der Zukunft mit „sprechenden Steinen“ ist eine weitere sehr alte Technik. Sie können gleichgroße Kieselsteine mit jedem beliebigen Symbol beschriften oder sich einen eigenen Code ausdenken, z. B. eine „Gabel“, die für eine bevorstehende Kreuzung stehen würde. Sie können auch jeden Stein in einer anderen Farbe bemalen.

Methode des Steinewerfens

Eine Handvoll gefärbter oder markierter Kieselsteine, die in den Wind geworfen werden, können auf künftige Wohltaten und Übel hinweisen.

1. Wählen Sie neun gleich große, runde und glatte Steine oder Kieselsteine aus

2. Bemalen Sie die Steine mit symbolischen Markierungen oder Farben.

3. Legen Sie die Steine in Ihre Hand. Schütteln Sie die Steine mit geschlossenen Augen, und konzentrieren Sie sich auf den Bereich, in dem Sie Erleuchtung brauchen.

4. Legen Sie die Steine auf eine ebene Fläche und öffnen Sie Ihre Augen. Die Steine, die Ihnen am nächsten sind, stehen für Ereignisse in der nahen Zukunft. Je weiter sie entfernt sind, desto länger dauert es, bis sie eintreten.

Gelb steht für Arbeitsaussichten.

Orange bedeutet, dass günstige Gelegenheiten auf uns warten.

Ein roter Stein würde ein „Ja“ bedeuten, also machen Sie es.

Blau bedeutet noch nicht. Nehmen Sie sich Zeit zum Nachdenken.

Grün bedeutet, dass Geldfragen im Vordergrund stehen.

Indigoblau zeigt an, dass Struktur erforderlich ist.

Bei Violett geht es um Führung: Machen Sie es jetzt auf Ihre Art.

Weiß bedeutet, dass die Wünsche erfüllt werden: Sie können nicht verlieren.

Schwarz bedeutet ein „Nein“: Hindernis, der Weg ist versperrt.

Würfel

Würfeln für Antworten

Das Wahrsagen mit Würfeln hat seinen Ursprung in der Astragalomantie, abgeleitet vom Wort Astragalus, einem alten Wort für Fußknochen. Astragale wurden paarweise verwendet, wobei jeder Würfel vier verschiedene Flächen hatte, auf die er fallen konnte und denen bestimmte Werte zugeordnet waren. Astragale in Form von Knochen wurden in römischer Zeit sogar aus Halbedelsteinen gefertigt. Aus den Werten dieser Flächen und zwei weiteren wurde der uns heute bekannte römische sechsseitige Würfel gebildet.

Im Altertum war es sehr wichtig, wo die Würfel landeten. Die Würfel wurden auf ein bestimmtes, mit der Natur verbundenes Muster geworfen, das auf dem Boden ausgelegt war. Auch heute noch halten sich Würfeltische an ein bestimmtes Muster, das anzeigt, ob man Glück hat oder nicht, je nachdem, wohin die Würfel fallen.

Wahrsagen durch Würfeln

Der Fall der Würfel wird durch „sinnvolle Zufälle" bestimmt. Sie sollten nur im Auftrag eines anderen würfeln – niemals für sich selbst. Am besten ist es, wenn Sie in aller Stille mit den Würfeln arbeiten. Mit etwas Übung werden Sie bald aus eigener Erfahrung herausfinden, wie es für Sie passt. Als Gesellschaftsspiel ist es amüsant, wenn ein paar Freunde Listen mit Fragen und Antworten für sich selbst zusammenstellen, oder Sie können die Würfel für ernsthaftere Wahrsagerei verwenden.

Der Schlüssel zum Erfolg

Zeichnen Sie zunächst einen Kreis, der etwa den Durchmesser von zwei ausgebreiteten Händen hat. Der Kreis symbolisiert einen allumfassenden Bereich. Er ermöglicht es den Würfeln und den Elementen, sich auf die gestellte Frage zu konzentrieren. Es ist absolut wichtig, dass bei jedem Würfelwurf immer nur eine Frage gestellt wird. Der Würfel kann nicht mehrere Fragen auf einmal beantworten.

Zählen der Würfel

Landen beide Würfel im Kreis, werden die beiden aufgedeckten Zahlen addiert. Fällt ein Würfel heraus, wird er nicht gezählt. Wenn beide Würfel außerhalb des Kreises liegen, wird erneut gewürfelt.

1. Denken Sie an die Frage und werfen Sie den Würfel in den Kreis.

2. Zählen Sie die gewürfelten Zahlen zusammen und schauen Sie in der Liste der Antworten nach.

3.Wenn ein Würfel außerhalb des Kreises fällt, wird er nicht gezählt.

4.Wenn beide Würfel außerhalb des Kreises liegen, werfen Sie sie erneut.

5. Wenn beide Würfel wieder außerhalb des Kreises liegen, ist der Zeitpunkt für eine Antwort auf Ihre Frage ungünstig. Werfen Sie sie nicht ein drittes Mal.

6. Benutzen Sie die Liste der Antworten unten oder stellen Sie Ihre eigenen zusammen.

1 = Ja
2 = Nein
3 = Vorsichtig sein
4 = Vernünftig sein
5 = Riesiges Glück
6 = Natürlich
7 = Vertrauen haben
8 = Geduld
9 = Sicherlich
10 = Zweifelnd
11 = Blödsinn
12 = Risiko

6
3
1
7
8
2
5
9

Kapitel 5

Die erwachende Vision beschwören

Die Techniken in diesem Kapitel erfordern eher den Einsatz des Intellekts als den der reinen Intuition. Sie waren in der Regel den Eingeweihten vorbehalten, die ein subtiles und ausgeklügeltes Gleichgewicht von Intellekt und Intuition entwickelten. Drei spezifische Fähigkeiten wurden ausgewählt, die es Ihnen ermöglichen, Ihre Wahrnehmung und Einsicht zu schulen und zu entwickeln.

Starten Sie mit Numerologie und Kartenlegen, um die Fähigkeit zu entwickeln, Intellekt und Intuition zu verbinden. Wenden Sie sich dem Tarot erst dann zu. Die meisten Wahrsager empfehlen, zunächst mit gewöhnlichen Spielkarten zu arbeiten, bevor man sich dem komplexen symbolischen Reichtum des Tarot widmet. Die ältesten erhaltenen vollständigen Tarot-Decks stammen aus der Mitte des 15. Jahrhunderts. Das Tarot ist jedoch viel älter, seine Ursprünge sind allerdings umstritten: Es wird vermutet, dass es von den eingeweihten Herrschern des längst untergegangenen Atlantis, den Priestermagiern des alten Ägypten oder einem Kollegium weiser Männer in der nordafrikanischen Stadt Fez stammt. Wo auch immer es seinen Ursprung hat, es enthält starke und universelle Bilder.

Während sowohl die Numerologie als auch das Kartenlegen für Lesungen oder einfache Partytricks verwendet werden können, ist das Tarot eine ganz andere Sache. Sein Verständnis und seine richtige Anwendung erfordern ein intensives Studium, und der erfahrene Tarot-Leser wird schließlich bis zu acht verschiedenen Ebenen bei einer einzigen Karte lesen. Will man sich ernsthaft mit Tarot beschäftigen, sollte man sich über die einfache Einführung in die Karten in diesem Buch hinaus mit weiterer Literatur befassen und sich eventuell von einem erfahrenen Leser unterweisen lassen. Hier sind nur eine Erklärung der Karten und ein kurzer Einblick möglich. Das Tarot sollte immer mit Respekt behandelt werden, denn in diesem Kartenspiel ist die gesamte Erdgeschichte verkörpert.

Numerologie

Ihre Zukunft in Zahlen

Die meisten von uns kennen den Gedanken, „meine Glückszahl ist gekommen". Dies spiegelt einen alten Glauben, dass man aus dem Namen einer Person eine Zahl (oder Zahlen) ableiten kann, die für das Leben dieser Person von großer Bedeutung ist und einen Schlüssel zu den Geheimnissen des Charakters und des Schicksals einer Person liefert.

Es gibt viele Numerologie-Systeme, aber über die Bedeutungen der Zahlen, die größtenteils aus der Kabbala und der Astrologie stammen, ist man sich im Allgemeinen einig. Sie werden aber feststellen, dass die Interpretation dieser Bedeutung unter Numerologen erheblich voneinander abweichen kann. Die Zahlen werden abgeleitet, indem man jedem Buchstaben des Alphabets eine Zahl zuordnet, die meist auf der folgenden einfachen Tabelle basiert:

1	2	3	4	5	6	7	8	9
a	b	c	d	e	f	g	h	i
j	k	l	m	n	o	p	q	r
s	t	u	v	w	x	y	z	

Die Bedeutungen der Zahlen

Es gibt mehrere Grundzahlen, die von Numerologen abgeleitet werden. In der fortgeschrittenen Numerologie gibt es noch weitere Zahlen, die ermittelt werden können, aber sie würden den Rahmen dieses Buches sprengen; die Zahlen, die Sie leicht für sich selbst ableiten können, werden Ihnen sehr wertvolle Erkenntnisse liefern.

Es gibt vier Zahlen, die die verschiedenen Aspekte Ihres Lebens widerspiegeln:

Ihre Schlüsselzahl Die ganze Person
Ihre Persönlichkeitszahl Äußere Eindrücke.
Ihre Schicksalszahl Die Lektionen des Lebens.
Ihre Herzzahl Die innere Persönlichkeit, das Grundgewebe Ihres Wesens.

Die Schicksalszahl und die Herzzahl spiegeln am ehesten den Rahmen wider, in dem sich die Lektionen Ihres Lebens abspielen.

Finden Sie Ihre Schicksalszahl

Ihre Schicksalszahl wird anhand Ihres Geburtsdatums berechnet. Sie ist die einzige unveränderliche Zahl in Ihrem Leben: Sie können Ihren Namen ändern, von dem andere Zahlen berechnet werden, aber nicht Ihre Geburtszahl. Um Ihre Schicksalszahl zu berechnen, schreiben Sie Ihr Geburtsdatum in Zahlenform auf und addieren Sie die Zahlen, ohne die Nullen zu berücksichtigen. Addieren Sie dann die Zahlen dieses Ergebnisses, um Ihre Schicksalszahl zu erhalten. Angenommen, Sie wurden am 22. Oktober 1944 geboren. Schreiben Sie:

$$1 + 2 + 2 + 1 + 9 + 4 + 4 = 23$$

$$2 + 3 = 5$$

Ihre Schicksalzahl ist also die 5. Sie zeigt die Lektionen an, die Sie in diesem Leben durchlaufen (siehe Seiten 110–111 für Interpretationen).

Finden Sie Ihre Herzzahl

Ihr wahres, inneres Ich offenbart sich durch Ihre Herzzahl. Ihre Herzzahl wird anhand der Vokale in Ihrem Namen berechnet, indem Sie die nebenstehende Tabelle verwenden. Wenn Ihr Name John Smith ist, lauten die Vokal-Äquivalente:

6	9
JOHN	SMITH

Es gibt nur zwei Vokale, also ergibt sich eine Gesamtzahl von 6 + 9 = 15; 1 + 5 = 6.
Daher ist Ihre Herzzahl 6
(siehe Seiten 110–111 für Interpretationen).

Ihre Zahlen interpretieren

Wenn Sie Ihre Schicksals- und Herzzahl gefunden haben, werden Sie in den Interpretationen auf der rechten Seite ein Verständnis für jede dieser Zahlen finden. Sie entdecken, dass die Schlüsselwörter für die Schicksalszahl Fünf rastlos, reiselustig, intelligent, kommunikativ und selbstverliebt sind; und für die Herzzahl sechs sind sie gutmütig, liebevoll, rücksichtsvoll, heimatverbunden, kreativ, künstlerisch, selbstgefällig, selbstzufrieden und eingebildet. Dies deutet darauf hin, dass Sie eine Person mit vielfältigen Talenten und Fähigkeiten sind, die sich zu einer sehr attraktiven Persönlichkeit summiert, wenn Sie sich voll entfalten. Allerdings müssen Sie darauf achten, dass diese Eigenschaften Sie nicht zu Selbstzufriedenheit, Selbstverliebtheit und Egozentrik verleiten.

Für eine Person mit dieser Kombination aus positiven und negativen Eigenschaften wird es notwendig sein, einen ungewöhnlich starken Charakter zu kultivieren. Sie könnten auch zu dem Schluss kommen, dass das Leben Sie vor viele Herausforderungen stellen wird, um diese Charakterstärke zu testen. Da Sie mit so vielen Gelegenheiten beschenkt wurden, müssen Sie darauf achten, das Beste daraus zu machen und sie nicht ungenutzt verstreichen zu lassen.

Zahleninterpretationen

Eins	Zwei
Schicksal Der Pionier; unabhängig; erfinderisch; ehrgeizig; eigensinnig; rechthaberisch; übermäßig zielstrebig.	***Schicksal*** Passiv; unterstützend; rücksichtsvoll; harmonisch; launisch; geheimnisvoll.
Herz Ehrgeizig; energisch; selbstbewusst; innovativ; Gefühle der Überlegenheit.	***Herz*** Einfühlsam; mitfühlend; überempfindlich; zurückhaltend; unterstützender Partner; hinterlistig.

Sieben	Acht
Schicksal Übersinnlich; intuitiv; sensibel; fantasievoll; zurückgezogen; entfernt.	***Schicksal*** Fleißig; Leistungsträger; statusorientiert.
Herz Unverstanden; hohe Ideale; zielstrebig; zurückgezogen; weltfremd.	***Herz*** Ehrgeizig; innerlich getrieben; materialistisch; loyal; verlässlich; eigensinnig; sarkastisch; unhöflich.

Drei	Vier	Fünf	Sechs
Schicksal Glückliche Beziehungen; warm; fröhlich; optimistisch; Selbstdarstellung.	***Schicksal*** Disziplin; Willenskraft; organisatorische Fähigkeiten; praktisch; engstirnig; eifrig; apathisch.	***Schicksal*** Rastlos; Reisender; intelligent; Kommunikator; selbstverliebt.	***Schicksal*** Häuslich; zuverlässig; besitzergreifend; insular.
Herz Fröhlich; optimistisch; amüsant; sympathisch; Popularität.	***Herz*** Schüchtern; fleißig; zuverlässig; depressiv; heftige Stimmungsschwankungen.	***Herz*** Unruhig; lebhaft; charmant; vielseitig; extreme Exzentrizität.	***Herz*** Gutmütig; liebevoll; rücksichtsvoll; heimatverbunden; kreativ; künstlerisch; selbstgefällig; selbstzufrieden; eingebildet.

Neun		Elf	Zweiundzwanzig
Schicksal Visionär; enthusiastisch; wetteifernd; mutlos; rücksichtslos; eigensinnig; unpraktisch.	Elf und zweiundzwanzig sind die einzigen zweistelligen Zahlen, die bei der numerologischen Analyse von Personennamen von Bedeutung sind.	***Schicksal*** Resolut; erfolgreich; beliebt; geachtet; ausbeuterisch; unpraktisch.	***Schicksal*** Fähig; fleißig; praktisch; brillant; selbstgefällig.
Herz Neugierig; analytisch; romantisch; liebevoll; hilfsbereit; neugierig; beherrschend.		***Herz*** Idealistisch; weltverändernd; unaufhaltsam; gefühllos; zielstrebig.	***Herz*** Inneres Potenzial; humanitär; überwältigend; moralische Verderbtheit.

Kartenlegen

Wahrsagen mit Spielkarten

Die den gewöhnlichen Karten zugewiesenen Bedeutungen haben einen gewissen willkürlichen Charakter, aber das Prinzip des „bedeutungsvollen Zufalls" funktioniert genauso gut wie beim Tarot-Deck – das Mischen des Decks passt sich den Bedeutungen an, die den Karten zugeschrieben werden, und dem Muster, in dem sie fallen werden. Die Bedeutungen hier haben sich bei vielen Wahrsagern bewährt.

Anweisungen für eine Lesung

Die Karten können auf viele Dinge in Ihrem Leben hinweisen: Beziehungen, Ihre Vergangenheit, Gegenwart und Zukunft, Ihre Schwächen, Ihre Stärken und verborgenen Fähigkeiten und vieles mehr.

1. Konzentrieren Sie sich auf die Frage, die beantwortet werden soll.

2. Mischen Sie die Karten wie gewohnt.

3. Teilen Sie die Karten und mischen Sie sie noch zweimal neu.

4. Ziehen Sie die Karten von der Oberseite des Stapels und legen Sie sie so ab, wie es das Muster vorgibt. Für die Interpretation der Karten verwenden Sie die Tabellen unten und gegenüber.

Karte 1 Karte 2 Karte 3

Aspekte Ihrer Frage

Thema	Karte 1	Karte 2	Karte 3
Vergangenheit, Gegenwart, Zukunft	Vergangenheit	Gegenwart	Zukunft
Aktuelle Situation	Liebesleben	Gesundheit	Karriere
Stärken des Lebens	Kreativität	Talente	Versteckte Fähigkeiten
Schwächen im Leben	Vorurteile	Blindheit	Unbemerktes Versagen
Beziehungen	Familie	Freunde	Persönlich
Was als Nächstes zu tun ist	Sofort	Bald	Später
Was sind meine Möglichkeiten?	Beste	Mäßig	Schlimmer

Bedeutung der Karten

♥ Herz	♣ Kreuz	♠ Pik	♦ Karo	
Physische Basis: Zuhause. Emotionale Basis: Liebe, Freundschaft, Zuneigung.	Reichtum; Wohlstand; Ereignisse, die zu materiellem Erfolg führen.	Positive neue Erlebnisse.	Außergewöhnliches, aber unvorhersehbares Glück; ein guter Anfang.	Ass
Partnerschaft, zwischen Liebenden, engen Freunden oder Verwandten.	Materielle Verluste; Geschäftsstreitigkeiten; Streitigkeiten über Geld.	Vorwärtsbewegung; Neubeginn.	Umsichtiges Handeln bringt mehr Wohlstand.	Zwei
Freundschaft, Geselligkeit und angenehme Begegnungen.	Faulheit, Trägheit; Verzögerungen in finanziellen Belangen.	Pläne und Ideen werden konkretisiert.	Die Zusammenarbeit mit Nahestehenden bringt Glück.	Drei
Dauerhafte emotionale Beziehungen.	Wohlstand; finanzieller Erfolg; viel Glück.	Vorausschauendes Handeln bringt Glück und Wohlstand.	Solides Vorankommen und viel Glück.	Vier
Ungewisse Liebe; emotionale Störung.	Disharmonie, Streit, Blockaden, finanzielle Konflikte.	Aufruhr; Streitigkeiten; Unordnung; Trennungen.	Meinungsverschieden-heiten bringen Konflikte mit sich.	Fünf
Starke Zuneigung; Liebesangebote; willkommene Einladungen.	Ungewöhnlich viel Glück; Wohlstand; Glück in finanziellen Belangen.	Es ist an der Zeit, weiterzuziehen, körperlich oder geistig.	Dauerhaftes Glück in allen Dingen.	Sechs
Erfüllende sexuelle Beziehungen; die Liebe triumphiert.	Verschwendetes Geld; finanzielle Verluste; Geldsorgen; Spekulation.	Streitigkeiten und Trennungen mit Partnern; Unfälle.	In einer leidenschaftlichen Beziehung entstehen starke Bindungen.	Sieben
Romantische Kommunikation; ruhige Liebe.	Geschäftsdokumente; Geld aus Investitionen.	Reisen; Überraschungen; Ankommen; Abreisen; positive Kommunikation.	Aufregung und Abenteuer.	Acht
Erfüllte Wünsche; Fruchtbarkeit.	Geldangelegenheiten im Zusammenhang mit Beziehungen; eine gute finanzielle Situation.	Bedrückende, aber unbeständige Familienstreitigkeiten.	Eine freudige Vereinigung; Geburt; positive Veränderung zum Besseren.	Neun
Materielles Glück; finanzieller Wohlstand.	Materieller Erfolg.	Die Dinge sind nicht so gut, wie sie scheinen; Enttäuschungen.	Die Ruhe kehrt zurück; Geld kommt an – endlich.	Zehn
Impulsive Zuneigung; ein Bewunderer.	Ein junger Mensch, der nicht immer vertrauenswürdig ist.	Ein junger Mann oder eine junge Frau voller Energie und Ideen.	Ein aggressiver junger Mensch, der auch positive Eigenschaften hat.	Bube
Von einer reifen Frau gehen starke Gefühle aus.	Eine gesunde, geerdete, reife Frau.	Eine lebhafte und aktive reife Frau.	Eine selbstbewusste, reife Frau.	Königin
Ein liebevoller Mann jeden Alters, der Liebe sucht.	Ein zuverlässiger, reifer Mann; der Arbeitgeber des Antragstellers.	Ein reifer Mann voller Lebenskraft.	Ein unermüdlicher, reifer Mann.	König

Tarot

Wahrsagen mit Tarotkarten

Ein gewöhnliches Kartenspiel besteht aus vier Farben, von denen jede aus zehn Karten, von Ass bis Zehn, und drei Bildkarten, König, Dame und Bube, sowie einem oder zwei Jokern bzw. Narren. Das Standard-Tarotdeck ist ähnlich aufgebaut, enthält aber zusätzlich 21 weitere Karten, die als Trümpfe oder Große Arkana bezeichnet werden und in der Regel mit römischen Ziffern nummeriert sind. Der Joker ist nummernlos oder hat die Nummer 0.

Obwohl das Tarot hauptsächlich zur Wahrsagerei verwendet wird, nutzen heute viele Menschen diese Karten auch zur Selbsterforschung und zum persönlichen Wachstum. In Mitteleuropa wird auch immer noch ein Tarotspiel (oder Tarock) gespielt. Viele der frühesten bekannten Decks wurden von Künstlern entworfen, darunter dem berühmtesten Künstler der deutschen Reformation, Albrecht Dürer.

Karten mischen

Der erste Schritt beim Lesen der Karten ist immer das richtige Mischen der Karten, wie unten beschrieben. Der Grund dafür ist, dass eine normale Spielkarte immer mit der richtigen Seite nach oben liegt. Wenn Tarot-Karten zum Wahrsagen verwendet werden, sind ihre Bedeutungen nicht dieselben, wenn sie auf den Kopf gestellt sind. Sie sollten Ihre Tarot-Karten jedes Mal auf diese Weise mischen, wenn Sie sie verwenden. Der Fragesteller sollte sich auf seine spezifische Frage konzentrieren, dann:

1. Teilen Sie das Deck in zwei etwa gleich große Teile.

2. Drehen Sie eine Hälfte des Decks um und legen Sie sie auf die andere Hälfte.

3. Mischen Sie die Karten gründlich.

4. Wiederholen Sie die Schritte 1–3 zweimal.

5. Ziehen Sie die oberste Karte und drehen Sie sie im Uhrzeigersinn von links nach rechts um.

Hoch geachtet
Unter den zahlreichen Wahrsagemethoden, die dem Suchenden zur Verfügung stehen, ist das Tarot für professionelle Seher eine der angesehensten.

Das Tarot lesen

Das Muster, in dem die ausgewählten Karten ausgelegt werden, wird als Legesystem bezeichnet. Es gibt mehrere Standard-Legesysteme, aber für den Anfang werden einfache Legesysteme mit nur wenigen Karten empfohlen, um ein Gefühl für die Karten zu bekommen und die Technik zu erlernen, die Bedeutungen der Karten zu einem kohärenten Ganzen zu kombinieren.

Lesen der ersten Stufe

Um sich mit dem Kartenspiel vertraut zu machen, arbeiten Sie mit einer einzigen Karte, um Hinweise auf die Antwort auf die Frage des Fragenden zu erhalten. Es ist zu betonen, dass es sich hierbei nicht um eine „Lesung" im eigentlichen Sinne handelt, sondern um eine Möglichkeit, sich mit den Karten vertraut zu machen.

Das Standard-Tarot-Deck

Neben dem Standard-Tarot-Deck gibt es noch weitere Decks, aber als Einführung werden wir uns auf das Standard-Deck beschränken. Wenn andere Decks andere Bezeichnungen verwenden, stehen die gebräuchlichsten davon in Klammern.

Die wahrsagerischen Bedeutungen der Tarot-Karten

Es gibt noch weitere und detailliertere Bedeutungen für jede der Karten, aber hier sind die Schlüsselwörter für jede Karte aufgeführt, die sich speziell auf das Wahrsagen beziehen.

Stäbe

Ass
Anfänge; Erneuerung; Geburt; Aktivität; Energie; Erfolg; Leistung.
Umgekehrt Scheitern; Überforderung; unzureichende Anstrengung.

Zwei
Macht; Reichtum; Glück.
Umgekehrt Das Unerwartete; Leiden.

Drei
Materieller Erfolg.
Umgekehrt Schwierigkeiten, die es zu überwinden gilt, oder Misserfolge, die aus übermäßigem Ehrgeiz resultieren.

Vier
Erfolgreiche Abschlüsse; zufriedenes Leben zu Hause; glücklicher Ruhestand.
Umgekehrt Das Gleiche, aber mehr noch.

Fünf
Streitereien; Prüfungen; Kampf; Erfolg nach dem Kampf.
Umgekehrt Streit und Unstimmigkeiten werden zum Vorteil.

Sechs
Erfolg durch harte Arbeit.
Umgekehrt Untreue; Vorsicht vor Verrat.

Sieben
Eine ernsthafte Bedrohung für Selbstvertrauen und innere Stärke.
Umgekehrt Gefährliche Unentschlossenheit.

Acht
Alles läuft auf einen Abschluss zu; häuslicher Zwist; Verliebtheit.
Umgekehrt Streit und Eifersucht zu Hause; ein Diebstahl; ein Betrug.

Neun
Stärke, Widerstand, Ausdauer. Erreichte Ziele und Wünsche; Genesung von Krankheit.
Umgekehrt Irritierende Verzögerungen; Hindernisse verhindern zufriedenstellende Ergebnisse.

Zehn
Missbrauch von Energie, Materialismus, Egoismus, Ungerechtigkeit, unzureichende Befriedigung durch Erfolg.
Umgekehrt Materielle Verluste, vielleicht das Ergebnis von Betrug.

Bube
Ein sympathischer Fremder tritt in das Leben des Fragenden ein; für eine Frau könnte dies ein treuer Liebhaber sein.
Umgekehrt Der Erhalt von unzuverlässigen Informationen über Dinge, die

von den Karten links und rechts davon in einem detaillierteren Legesystem angezeigt werden.

Ritter

Ein Mann, der Anfälle von rasender Energie hat, dem es aber an Durchhaltevermögen mangelt; übereilte Entscheidungen und Handlungen.
Umgekehrt Eine engstirnige/grausame Person; Streitigkeiten; Störungen.

Königin

Eine Frau mit Charme und einer Abneigung gegen Widersprüche, die sich ruhig um praktische Dinge kümmert; finanzieller Erfolg.
Umgekehrt Eine tugendhafte Frau, die sich über Kleinigkeiten aufregt und zu impulsivem Handeln neigt.

König

Ein ehrlicher, großzügiger Mann mit allen altmodischen Tugenden. Wenn er nicht eine Person symbolisiert: eine glückliche Liebesbeziehung oder eine Erbschaft.
Umgekehrt Ein intoleranter, unflexibler und geiziger Mann.

Schwerter

Ass

Männliche Sexualität; der Beginn einer starken Beziehung; Kräfte, die sich der Kontrolle des Fragenden entziehen; Erfolg trotz aller Hindernisse oder völliges Versagen.
Umgekehrt Das Gleiche, aber stärker und meist bösartiger.

Zwei

Ausgeglichene Kräfte; es herrscht Harmonie; ein Ende des körperlichen oder seelischen Schmerzes; ein Ende von Differenzen oder Streitigkeiten.
Umgekehrt Ärger und Verrat.

Drei

Unterbrechungen, Ungleichgewichte und Trennungen – manchmal auch nur vorübergehend.
Umgekehrt Verwirrung, Zwietracht und Ärger.

Vier

Der Konflikt endet, die Harmonie wird wiederhergestellt, die Spannungen nehmen ab.
Umgekehrt Seien Sie vorsichtig; manchmal kündigt sich ein Erbe an.

Fünf:

Misserfolg, Niederlage, Angst und Depression; ein Unruhestifter arbeitet gegen die Interessen des Fragenden.
Umgekehrt Dasselbe, aber vielleicht sogar noch mehr.

Sechs

Erfolg durch Anstrengung; eine sich verbessernde Situation; eine eise.
Umgekehrt Überraschungen im Gefühlsleben des Fragestellers.

Sieben

Eine unbeständige Situation oder eine unzuverlässige Person; zeigen Sie Beharrlichkeit; keine übereilten Kompromisse.
Umgekehrt Ein guter Ratschlag kommt an; der Fragesteller muss umsichtig sein.

Acht

Eine Krise, die Zwänge und Einschränkungen mit sich bringt. Prüfen Sie alle Aspekte vor verbindlichen Vereinbarungen.
Umgekehrt Eine unvorhergesehene Enttäuschung oder eine unangenehme Überraschung.

Neun

Selbstaufopferung; persönliches Leiden, das freiwillig auf sich genommen wird; Unglück; Verzweiflung.
Umgekehrt Eine unzuverlässige Person; begründeter Verdacht; Beginn der Einsamkeit.

Zehn
Zerstörte Hoffnungen und/oder Trauer; kann darauf hinweisen, dass es die Gegner und Rivalen des Fragenden sind, die zu Schaden kommen werden; kann auch auf den Verlust einer Reihe von falschen Überzeugungen hinweisen.
Umgekehrt Vorübergehende Vorteile; auf den Erfolg folgt der Misserfolg.

Bube
Zeigt einen feinsinnigen jungen Menschen an, der sich der Gefühle anderer bewusst ist, anmutig und gut koordiniert.
Umgekehrt Ein verschlagener, frivoler junger Mensch; oder unerwartete Nachrichten oder eine überraschende Wendung der Ereignisse.

Ritter
Ein energischer Mann, der ein guter Freund, aber ein gefährlicher Gegner ist; auch persönliche Feindschaft wird in der Angelegenheit, um die es in der Untersuchung geht, bedeutsam.
Umgekehrt Für einen männlichen Fragesteller eine dominierende, aber sehr törichte Person, die sich ständig verändert; für eine weibliche Fragestellerin eine Rivalin, die überwunden werden wird.

Königin
Kann entweder auf eine reife Frau oder auf allgemeines Unglücklichsein hinweisen, insbesondere auf Einsamkeit.
Umgekehrt Prüderie; oder eine hinterlistige und bösartige Frau.

König
Ein Mann, der eine verantwortungsvolle Position innehat, z. B. ein Arzt oder ein Beamter. Er kann trotz seiner hohen Selbsteinschätzung törichte Entscheidungen treffen.
Umgekehrt Ein egoistischer, berechnender, nicht vertrauenswürdiger Mann, insbesondere in rechtlichen Angelegenheiten.

Kelche

Ass
Sehr glücklich; Überfluss; Fruchtbarkeit; fruchtbare Unternehmungen; eine Liebeserklärung.
Umgekehrt Untreue; ungewollte oder unglückliche Enden.

Zwei
Ehe; tiefe Liebe; verständnisvolles Verständnis; Urlaub.
Umgekehrt Extravaganz; Zügellosigkeit; Trennungen.

Drei
Glück; Überfluss; Erfolg; günstige Ergebnisse.
Umgekehrt Übermäßiges Vergnügen; schnelle und glückliche Beendigung.

Vier
Stagnation und Langeweile in einer ansonsten glücklichen Situation; Glück und Unglück wechseln sich ab.
Umgekehrt Eine großartige und neuartige Veränderung.

Fünf
Freundschaft und Liebe führen zu Enttäuschungen; Tränen folgen auf Lachen; unerwartete Reaktionen.
Umgekehrt Pläne gehen schief; plötzliches und unerwartetes Auftauchen und Verschwinden.

Sechs
Rückwärtsgewandtheit und Nostalgie oder das Gegenteil – eine zukünftige Situation.
Umgekehrt Es wird etwas passieren – die nächste Karte zeigt an, was.

Sieben
Ein missbrauchtes Talent; Illusion und falscher Glamour; illusionärer Erfolg.
Umgekehrt Eine Zeit der Pläne, Unternehmungen und Wünsche.

Acht
Ungerechtfertigte Unzufriedenheit mit dem bisher Erreichten; ein neuer Weg im Leben.
Umgekehrt Allgemeines Glück.

Neun
Viel Glück mit Finanzen und Besitz; Erfüllung; Genesung von Krankheit.
Umgekehrt Irrtümer und Fehlkalkulationen.

Zehn
Körperliches Wohlbefinden, geistiger Fortschritt, materieller und intellektueller Erfolg.
Umgekehrt Streitigkeiten; Streitigkeiten; Vorsichtig.

Bube
Vertieftes Nachdenken über eine Situation; gute oder schlechte Nachrichten.
Umgekehrt Untreue; Betrug; ein lügender Betrüger.

Ritter
Es treffen Botschaften oder Vorschläge ein, die durch die unmittelbar davor oder danach ausgeteilten Karten bestimmt werden.
Umgekehrt Täuschung; Betrug; eine unzuverlässige Person.

Königin
Eine flirtende oder neugierige Frau; eine oberflächliche Frau.
Umgekehrt Gerissenheit; Bosheit; Gehässigkeit; eine böse Frau.

König
Ein feindlicher Vorgesetzter; ein Mann in einer verantwortungsvollen Position, der nur denen hilft, die ihm nützlich sind.
Umgekehrt Unehrlichkeit; Betrug; ein böser und unehrlicher Mensch.

Münzen

Ass
Extremes Glück in Bezug auf Geld, Eigentum und materielle Besitztümer; Wohlstand; Sicherheit; eine erfolgreiche Karriere.
Umgekehrt Die negative Seite des Glücks; Gier; Rücksichtslosigkeit; Überbewertung von weltlichen Besitztümern.

Zwei
Materielle Gegensätze; abwechselnd gutes und schlechtes Glück; erfolgreiche und erfolglose Projekte; Stimmungsschwankungen zwischen Hoch und Tief.
Umgekehrt Die Dinge sind das Gegenteil von dem, was sie zu sein scheinen.

Drei
Eine verbesserte Situation; neue Projekte werden begünstigt; eine bevorstehende Beförderung.
Umgekehrt Das Gegenteil, aber weniger nachdrücklich.

Vier
Materieller Erfolg; Leistung; finanzielle Sicherheit.
Umgekehrt Verzögerung; Ungewissheit; eine unbeständige Situation.

Fünf

Materielle, berufliche und finanzielle Sorgen; es kann zu einem vorübergehenden Verlust von Geld, Arbeit oder Wohnung kommen.
Umgekehrt Gefahr schwerer finanzieller Verluste durch Extravaganz, Glücksspiel oder unkluge Spekulationen.

Sechs

Wohlstand als Ergebnis der Hilfe von anderen.
Umgekehrt Finanzielle Rückschläge infolge von Neid und Gier.

Sieben

In finanzieller Hinsicht stimmt etwas nicht.
Umgekehrt Das Gleiche, aber mit mehr Enttäuschung und Sorge.

Acht:

Kleine Verbesserungen; zu viel Aufmerksamkeit für unwichtige Dinge.
Umgekehrt Gefahr durch unehrliche Finanzgeschäfte – vielleicht sogar durch den Fragesteller selbst.

Neun

Materielles Glück; eine große Erbschaft; eine große Einkommenserhöhung.
Umgekehrt Materieller Schaden entsteht durch den Betrug anderer.

Zehn

Großer materieller Erfolg nach jahrelangen Bemühungen.
Umgekehrt Materielle oder finanzielle Verluste durch Diebstahl oder Unredlichkeit.

Bube

Gute Verwaltung und Umsicht; eine fleißige, methodische Person, der man Geld anvertrauen kann.
Umgekehrt Eine extravagante oder unvorsichtige Person in Geldangelegenheiten; bevorstehende schlechte Nachrichten über Finanzen.

Ritter

Ein langweiliger, aber fleißiger und pflichtbewusster Mann; eine langweilige, aber notwendige Aufgabe zu erledigen.
Umgekehrt Eine faule, nachlässige Person; Probleme, die durch Faulheit oder Nachlässigkeit verursacht werden.

Königin

Großzügigkeit; warme Aufrichtigkeit; eine bodenständige Frau.
Umgekehrt Eine unzuverlässige Frau; Unzuverlässigkeit; Unberechenbarkeit.

König

Ruhige Energie; Standhaftigkeit; Unerbittlichkeit; ein treuer Freund oder Liebhaber, wenn auch selten demonstrativ; ein praktischer Mann im späten mittleren oder hohen Alter.
Umgekehrt Ein grausamer und korrupter Mann.

Trümpfe (die Großen Arkana)

Die Tarot-Trumpfkarten stellen den Lebensweg eines Menschen und sein spirituelles Wachstum dar. Sie zeigen sowohl wichtige als auch weniger wichtige Lebensereignisse und fügen wichtige Details hinzu, die zu einem umfassenden Bild beitragen, unabhängig davon, an welcher Lesung der Fragesteller teilnimmt.

Der Erfolg einer Deutung kann von verschiedenen Faktoren abhängen, unter anderem von der Fähigkeit des Lesers, die Karten zu deuten, und davon, ob der Leser und der Fragesteller geistig kompatibel sind.

0 Der Narr

Dummheit; Exzentrik; das Bizarre; unerwartete/überraschende Ereignisse; ein Neuanfang oder ein Richtungswechsel.
Umgekehrt Prokrastination – Dinge auf morgen verschieben. Nachlässigkeit, Faulheit und die Unfähigkeit oder Unwilligkeit, Entscheidungen zu treffen.

I Der Magier

Bevorzugt alltägliche Risiken; Initiative; Fähigkeiten; allgemeine Anpassungsfähigkeit; etwas oder jemand Neues.
Umgekehrt Ungewissheit; Täuschung; Verwirrung; eine Person, die täuschen will.

II Die Hohepriesterin

(Die Päpstin)
Geheimnisse; die verborgene Intuition; Veränderung.
Umgekehrt Gefährliche sexuelle Leidenschaft.

III Die Herrscherin

Glück; Glücksgefühle; angenehme Erfahrungen.
Umgekehrt Vergebliche Mühe; Konflikt; Meinungsverschiedenheiten; eine unproduktive Person.

IV Der Herrscher

Ehrgeiz; Erfolg; Kreativität.
Umgekehrt Behinderung; Einschränkung; mangelnder Fortschritt; übermäßiges Selbstvertrauen.

V Der Hierophant

(Der Papst)
Mystische und esoterische Angelegenheiten; Hilfe kommt von einem Freund; ein passender Ehepartner.
Umgekehrt Betrug; schlechter Rat; Untreue.

VI Die Liebenden

Liebe; sexuelle Anziehung; eine zu treffende Wahl.
Umgekehrt Enden, Trennungen und Abschiede.

VII Der Wagen

Überwindung aller Schwierigkeiten; Erfolg; Reisen; unerwartete Veränderung.
Umgekehrt Schlechte Nachrichten oder Pech.

VIII Die Gerechtigkeit

Der Fragesteller wird auf die Probe gestellt; eine Zeit der Entscheidungen.
Umgekehrt Ungerechtigkeit; Dinge gehen schief.

VIIII Der Eremit

Weiser Rat; Besonnenheit; Taktgefühl; eine ältere Person.
Umgekehrt Untätigkeit; Verzögerung; Verschwiegenheit; Unentschlossenheit.

X Das Rad des Schicksals

Viel Glück; finanzieller Erfolg; günstige Veränderungen.
Umgekehrt Ungünstige Veränderungen und Geschehnisse.

XI Die Kraft

Innere Stärke; Tapferkeit; Selbstdisziplin; ein positiver weiblicher Einfluss.
Umgekehrt Das Gegenteil.

XII Der Gehängte

Seltsames Verhalten; Rückschläge; Opferbereitschaft.
Umgekehrt Schmerz; Leiden; gefühllose Menschen.

XIII Der Tod

Verlust; Enttäuschung; Versagen; Abschiede, Verlust von Hilfe.
Umgekehrt Langes Leben; Wiedergeburt; Regeneration; gelöste Probleme; Transformation.

XIIII Die Mäßigkeit

Erfolgreiche Partnerschaften; ein glücklicher Ausgang; gute Gesundheit; Genesung von Krankheit.
Umgekehrt Streitigkeiten; Meinungsverschiedenheiten; schwierige Situation.

XV Der Teufel

Versuchung; zwanghafte körperliche Sexualität; Besessenheit von Geld und Besitztümern.
Umgekehrt Dummheit; Geiz; Bosheit; ein unglückliches Ereignis.

XVI Der Turm

Krieg; Konflikt; Unfälle; Streitigkeiten; materielle Verluste.
Umgekehrt Dasselbe, nur schlimmer.

XVII Der Stern

Unerwartete Hilfe von einer mächtigen Person; Glück; ein sehr glückliches Ereignis.
Umgekehrt Das Gegenteil.

XVIII Der Mond

Abenteuer; Risiko; große Veränderungen; unsichere Motive der anderen.
Umgekehrt Kleine Veränderungen.

XIX Die Sonne

Wohlstand; Erfolg; Freude und Erfüllung.
Umgekehrt Das Gleiche, aber nicht so stark.

XX Das Gericht

Neuanfänge; alte Probleme gelöst; wichtige Entscheidungen; Wiedervereinigungen.
Umgekehrt Wirrwarr; Verzögerung; Unentschlossenheit; Verwirrung; unschlüssige Lösungen.

XXI Die Welt

Sicherer Erfolg nach langer Anstrengung; Reise oder Einwanderung; willkommene Veränderung.
Umgekehrt Misserfolg; Stagnation; Langeweile; unzureichende Belohnungen.

Glossar

In diesem Buch werden viele Begriffe erklärt, einige ausführlicher als andere. In diesem Glossar finden Sie weitere Definitionen.

Augur Vom Wort *augur*, ein römischer religiöser Beamter, der die Zukunft anhand von Omen wie den Bewegungen von Vögeln und Tieren vorhersagte.

Augurium Das Wahrsagen durch Vorzeichen, insbesondere durch Vorzeichen, die sich aus den täglichen Aktivitäten der Natur ergeben.

Element Bezieht sich auf die ursprüngliche Kraft der Natur: Erde, Luft, Feuer, Wasser.

Fragender die Person, für die beim Wahrsagen Informationen gesucht werden oder für die die Zukunft vorausgesagt wird; auch als „Sitzender" bekannt.

Fragesteller Die Person, die eine Anfrage an die Götter oder den Rutengänger stellt.

Hellsehen Die Fähigkeit, Informationen von unsichtbaren Kräften oder durch Visionen zu erhalten, die oft zukünftige Ereignisse betreffen.

Hellseher Der Empfänger von Informationen und Einsichten ohne logischen Grund; als Adjektiv derjenige, der diese Eigenschaften besitzt.

Kartenlegen Ein Begriff, der auf die Wahrsagerei mit einem gewöhnlichen Spielkartendeck und anderen Kartendecks angewendet wird, die speziell für Vorhersagezwecke erstellt wurden. Dieser Begriff wird in der Regel nicht auf das Wahrsagen mit Hilfe des Tarots angewandt.

Legesystem Eine bestimmte Anordnung von Karten für einen bestimmten Wahrsagezweck. Es gibt eine Reihe etablierter Legesysteme für bestimmte Arten von Deutungen.

Lesen Ein anderer Begriff für den Akt des Wahrsagens, bei dem der „Leser" eine Antwort auf eine oder mehrere vom Fragesteller gestellte Fragen erhält.

Leser Die Person, die die Wahrsagung durchführt, insbesondere wenn es sich um Gegenstände handelt, die „gelesen" werden, wie Karten, Farben, Runen und das *Yijing*.

Los Jedes einer Reihe von Objekten, die zur um zu weissagen; wie beim „Werfen von Losen". Ein Los kann jeder Gegenstand sein, der auf diese Weise verwendet wird, z. B. Knochen, Steine und Stöcke.

Medium Bezeichnung für die Person, die eine übersinnliche Lesung durchführt oder gibt. Diese Person wird zum Vermittler zwischen Himmel und Erde.

Omen Eine Warnung vor Gutem oder Bösem, die sich in Gegenständen, Ereignissen oder Prophezeiungen zeigt.

Orakel In der Antike bezog sich der Begriff auf den Ort, an dem Prophezeiungen gemacht wurden. Es bezieht sich auch auf die Person, durch die die Prophezeiung erfolgt – in der Regel eine Frau.

Runen Ein altes teutonisches Alphabet, das von den Skandinaviern und Angelsachsen vom zweiten bis zum zehnten Jahrhundert verwendet wurde und dessen Buchstaben durch Abwandlung griechischer oder römischer Buchstaben entstanden sind; von jedem dieser Buchstaben wurde angenommen, dass er bestimmte magische Kräfte verkörpert.

Seher Eine Person, die die Fähigkeit besitzt, zukünftige Ereignisse durch Einsicht oder Visionen oder durch Wahrsagerei vorherzusagen.

Wahrsagen Das Erlangens von Einsicht in das Unbekannte durch die Nutzung von Kräften, Aktivitäten, Objekten und Fähigkeiten, die das widerspiegeln, was jenseits der normalen Sinne liegt.

Wünschelrutengehen Ein Begriff, der das Wünschelrutengehen nach Wasser oder Mineralien mit Hilfe eines gegabelten Stocks bezeichnet. Der Begriff wird allgemeiner auf die Verwendung des Pendels angewendet, um Informationen über die Zukunft, das Unsichtbare oder das Unbekannte zu erahnen.

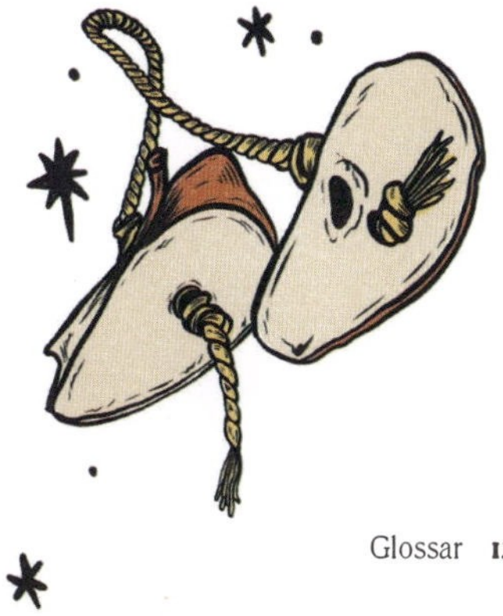

Register

Bildnachweis

Quarto bedankt sich bei den Copyright-Inhabern
für die Erlaubnis zur Verwendung ihrer Bilder:
S. 37: Elsa Godfrey
S. 39: jara77/Shutterstock.com
S. 58 Symbole: MysticalLink/Shutterstock.com
S. 79: AKaiser/Shutterstock.com
S. 112: Francesco Abrignani/Shutterstock.com.